효율성

"문명의 편견"

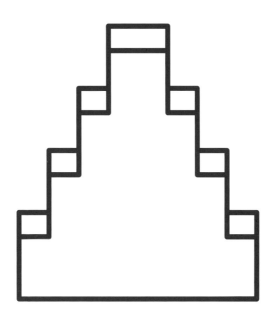

효율성

이근세 지음

은행나무

"운 좋은 사람은 아무도 못 당해요." 몇 년 전에 TV에서 한 유명 가수가 내던진 말이 아직도 기억에 생생하다. 삶의 굴곡마다 문제가 풀렸기 때문에 자신도 운이 좋은 사람이라고 했다. 그분의 인생이 어떠한지 자세히 모르겠으나 웬만해서는 운 좋은 사람을 이길 수 없다는 데는 공감한다. 위기마다 운이 받쳐주는 사람을 어떻게 당하겠는가? 능력도 없이 떠돌다가 갑자기 누군가를 만나 손쉬운 일을 맡을 수도 있고 그렇게 얻은 직장에서 착하고 참한 미인을 만나 결혼할 수도 있다. 그리고 장인으로부터 물려받은 재산을 잘 알지도 못하는 회사에 투자했다가 대박이 터질 수도 있다. 여성의 경우 우연히 마주친 재벌 2세와 결혼하여 신데렐라와 같은 삶을 살 수 있다. 마침 이 재벌 2세가 좋은 교육을 받았고 인품도 완벽하여 이 여성은 자유를 만끽하면서도 안정된 삶을 평생 누릴 수도 있다. 쉽게 굴러들어온 행운은 독이 될 것이라고 말들 하지만 꼭 그렇지만은 않을 것이다. 운이 따르지 않는 자들의 시기일지도 모른다. 모든 것이 가능할 수 있다. 행운이 따라다니는 사람들은 분명 존재할 것이다. 인생은 무수히 많은 갈래가 있고 최적의 만남이 이루어진 갈림길에 서 있던 사람은 행운을 거머쥘 수 있을 것이다.

　　운을 믿는 것은 나름의 장점이 있다. 인생 경험이 풍부한 어르신들이 자주 강조하듯이, 운은 억지로 되는 일이 없다는 생각을 갖게 한다. 그래서 긴장을 풀어주고 삶의 여유를 제공한다. 그러면 인생을 운에 걸 것인가? 아무것도 안 하고 기다리기만 하면 되는가? 얼마 전에 한 어르신과 대화를 한 적이 있다. 대화라기보다는 그분의 일생을 듣는 자리였다. 강원도 어느 군郡에서 평생을 공무원으로 복무하고 군의회 부의장까지 지낸 분이었다. 말씀은 대충 이러했다. 대학을 가기 위해서 열심히 공부를 했다. 그런데 공부를 열심히 했음에도 불구하고 불합격이었다. 그래서 군대를 일찍 가게 되었다. 어르신은 눈이 나빠 안경을 썼었는데 당시만 해도 안경을 쓴 사람은 많지 않았다. 오직 안경을 쓴 외모 덕에 전투병이나 운전병이 아닌 행정병이 되었다(군대에서는 어느 정도 병사들의 특성에 따라 보직을 정하고 배치한다). 어떤 장군의 밑에서 행정 업무를 담당했고 나중에 공무원이 된 일 등이 꼬리를 무는 이야기였다. 핵심은 간단했다. 인생은 생각대로 되지 않는다. 답은 '운'이었다. 학자들이 방문한 자리에서 능력보다 운을 대놓고 강조하기는 조금 어색하셨는지 '환경'이라는 단어가

유사어로 등장했다. 그리고 인간에게 능력이 중요하기도 하지만 환경과 운이 인생을 좌우한다고 수십 번을 강조하셨다. 능력이 90%라면 나머지 10%는 운이라는 것이었다. 사실 나는 그 어르신이 능력과 운의 비율을 뒤바꿔서 말씀하신 건 아닌가 하는 생각이 들었다. 정작 강조하고자 한 것은 능력이 10%고 운이 90%라는 것 같았다. 그래서 나는 동료들과 술자리에서 나눈 농담 반 진담 반의 이야기를 떠올리며 나쁘지 않은 의도로 말했다. "운의 비율을 너무 낮게 잡은 것 아니신지요, 운이 70%는 된다고 저희도 말하곤 합니다." 그랬더니 껄껄껄 웃으며 흡족해하셨다. 그분의 모든 말씀이 높은 학력의 학자들 앞에서 대학교를 못 간 사실을 우회적으로 변호한 것이었는지 아니면 정말로 인생에서 운과 환경이 중요하다는 점을 강조하기 위해서였는지는 나도 모른다. 사람 속을 어떻게 알겠는가? 다만 능력, 운, 환경이 우리 삶을 결정짓는 요소라는 사실은 분명하다.

운과 환경의 차이를 정확히 분간해내기란 쉬운 일이 아니다. 로또를 샀는데 1등에 바로 당첨된 것은 운일 것이다. 그러나 로또를 산 사람이 로또를 살 수밖에 없는 상황에 몰려 있다고 할 경우는 환경이라고 할 수도 있다. 이런 식으로 설명하면 결국 운과 환경이 모든 것을 좌우한다는 강원도 어르신의 담론이 설득력을 갖는다. 극단적으로 생각하면 숙명론이나 이른바 팔자론에 접어들 수 있다. 혹은 서양식으로 말하면 모든 것이 미리 예정되어 있다는 결정론determinism에 빠질 수도 있을 것이다.

그러나 운은 추구할 수 있는 대상은 아니다. 운이 순수한 기다림의 대상이라면 능력은 발휘할 수 있는 어떤 것이다. 운에 기대어 아무 노력도 안 하는 삶은 십중팔구 파탄으로 직행할 것이다. 강원도 어르신도 인생의 굴곡마다 마주친 상황을 스스로 받아들인 것을 '운'이나 '환경'이라고 표현하셨을 것이다. 아무것도 안 할 수는 없다. 노자의 무위無爲도 억지로 무엇을 하지 않는다는 것이지 아무것도 안 하는 것이 아니다. 운은 '그저 기다리자. 운이 오면 잡으면 된다'고 생각하면 잡기 어려울지도 모른다. 찾아온 운을 놓치지 않으려면 어느 정도 능력이 요구될 수도 있다. 어마어마한 운이라면 놓치고 말고 할 필요도 없이 그저 감사히 받아들이면 되겠지만……. 여하튼 운은 우리의 소관은 아니다.

반면 환경은 능력에도 운에도 속할 수 있다. 어떤 집에서 어떤 모습으로 태어나는 것과 같이 특정한 환경에 뚝 떨어지는 것은 운이지만, 능력을 통하여 환경을 만들 수도 있기 때문이다. 물론 환경을 만드는 것은 한계가 있다. 환경 전체를 바꾸는 것은 불가능하기 때문이다. 아무리 열심히 공부를 하고 좋은 성적표가 있어도 경기가 너무 안 좋으면 직장을 찾기는 매우 어려울 것이다. 그렇다고 내 힘으로 불경기의 상황 전체를 바꾸는 것은 불가능하다. 당사자가 더 노력했어야 했다고 말할 수도 있겠지만 한정된 자리를 모두가 차지할 수는 없다. 거시적 경제 구조 때문에 청년 취업률이 낮아진 상황에서 취업이 안 된 것을 아직 능력이 부족하기 때문이라고 말하는 것은 잔인한 일일 것이다. 전체적 상황이 안 좋을 경우 직장을 구하러 다니며 쓸데없이 에너지를 소모하지 않는 것이 현명할 수도 있다. 오히려 그 시간에 조용히 개인적 능력을 키우면서 때를 기다리는 것이 더 효율적일지도 모른다. 어차피 우리를 둘러싼 세상의 힘이 개인의 힘보다 무한히 우세하기 때문이다. 이와 달리 내 주변에 나의 자취를 남기면서 내게 유리한 환경을 만들어갈 수도 있을 것이다. 이념을 제시하고 그것을 실현하기 위한 최선의 계획을 세우고 불가능은 없다는 불굴의 의지로 밀어붙일 수도 있다. 그래서 경제와 정치의 방향을 제시하고 타인들과 세상을 바꾸려 노력함으로써 자신의 뜻을 세상에 각인할 수도 있을 것이다.

이 두 가지 방식의 공통점은 순전히 운에 기대지 않는 가운데 효율성을 추구한다는 점이다. 첫 번째 방식이 상황을 파악하고 세상의 흐름을 타는 것이라면, 두 번째 방식은 개인적 능력을 통해 세상을 변혁시켜서라도 자기 뜻을 관철하는 것이다. 전자가 세상에 대해 수동적이지만 안정적이고 확실한 삶을 추구한다면 후자는 세상에 대해 능동적이지만 불확실한 모험을 추구한다. 전자가 일종의 기회주의라면 후자는 영웅주의다. 물론 '기회주의'나 '영웅주의'에 대한 가치 판단을 내리지는 말자. 기회주의의 비도덕성을 폄하하는 것은 영웅주의를 기준으로 삼는 편견에 기인한 것일지도 모른다. 거꾸로 영웅주의의 무모함을 비판하는 것도 역시 기회주의적 세계관에 기초한 것일 수 있다.

두 가지 방식 중 어느 것이 효율적일까? 효율적인 삶이란 어떤 것인가? 효율성의 문제가 이 책에서 다룰 주제다. 효율성의 문제는 언뜻 생각하면 지극히 개인적인 인생관의 차이로 보일 수 있으나 동양과 서양의 문화적 차이로 확대될 수 있다. 예를 들어 중국적 관점에 따르면 인간의 행위나 사회 제도는 세계의 운행 질서를 모방해야 한다. 자연의 거대한 흐름에 역행하는 것은 근본적으로 효율적일 수 없기 때문에 전략, 도덕, 제도 등 모든 것은 계절이 변화하듯 자연스럽게 전개되어야 한다. 이러한 점은 모든 중국 사상이 논의의 필요도 느끼지 않은 채 암묵적으로 인정하는 전제 같은 것이다. 그래서 이 전제를 통하여 나머지를 이해해야 한다. 반면 서양적 관점에 따르면 우리가 살고 있는 세계는 가변적이고 불완전하다. 그래서 고정불변의 더 완전한 세계가 있다고 상정한다. 그러한 세계를 부정하거나 모른다고 가정한다고 해도 역시 논리나 수학과 같은 고정불변의 법칙이 기준이 된다는 점은 항상 인정된다. 플라톤의 이데아, 아리스토텔레스의 중용, 기독교의 신, 데카르트의 수학, 라이프니츠의 지성, 칸트의 자유 등은 모두 자연의 상위에 있는 개념들이다. 그래서 서구적 효율성은 계획과 목적을 치밀하게 세우고 강력한 의지로 실천에 옮기는 구도다. 계획을 구상하는 지성과 계획을 실천에 옮기는 의지 사이에 행동과 자유가 개입되고 행동을 위해서는 '주체'의 개념이 핵심적으로 등장할 수밖에 없다. 그렇기 때문에 중국적 효율성의 핵심인 '상황'이 발생하여 계획이 무산되어도 서양에서는 기존 계획이 평가를 위한 기준이 된다. 혹은 계획과 실제 결과가 일치하지 않을 때 주체의 천재적인 능력 발휘나 영웅적 행동이 요구된다. 이러한 것이 바로 영웅주의나 모험을 찬양하는 서양적인 관점이다. 사실 이 책의 제목을 '영웅주의와 기회주의'로 정하고픈 마음도 있었다. 기회주의에 대한 오해만 없다면 이 두 단어는 서양과 동양을 상징적으로 표현해주기 때문이다. 그러나 '기회주의'라는 말은 이미 '기회주의자', '기회주의적인 사람' 등에 사용되면서 도덕적이지 못하거나 비겁한 사람을 지칭하기 때문에 주저하지 않을 수 없었다. 그만큼 우리가 언어 사용에서도 서구화된 것은 아닌지 하는 의문도 들었다. 영웅주의나 기회주의는 효율성에 대한 동서양 세계관의 차이를 나타낼 뿐이다. 영웅주의는 고착화된 구상이 실현되지 않을 때 행동 주체에게 요구되는 능력이고, 기회주의는 상황의 흐름을 잘 활용하는 능력일 뿐이다. 전자가 고난에 대한 찬양을 강조한다면 후자는 쉬움을 예찬한다. 영웅주의와 기회주의는 각각 서양과 동양의 고질병을 나타낸다. 무엇이 효율적인가?

효율성이란 무엇인가? 동서양의 효율성 개념에 대해서 역설적이게도 나는 서양 출신의 철학자로부터 대부분을 배웠다. 이 책의 내용은 프랑스 철학자 프랑수아 줄리앙François Jullien의 관점을 반영하고 있다. 500여 년 전부터 동양과 서양이 공유해온 복잡한 교류에 대해 무지했던 내게 서양 철학자가 한문 고전을 직접 읽고 서양 사상과의 관계를 해명해나가는 작업은 지극히 매력적으로 다가왔다. 줄리앙 교수의 작업을 알게 되면서 그의 많은 저작들을 입수했고 먼저 읽은 것은 《바깥(중국)으로부터 사유하기》라는 대담집 형태의 저작이었다. 그가 중국 철학을 공부하게 된 이유와 그의 관점을 이해하게 되면서 500여 쪽의 이 대담집에 정신없이 빠져들었다. 개인적으로 현대 철학 저작 가운데 읽은 가장 유용한 것으로 이 책을 꼽고 있다. 책 한 권이 그토록 시야를 넓혀줄 수 있다는 사실이 놀라웠다. 서양의 고대와 근대 철학은 물론 푸코, 들뢰즈, 데리다, 리쾨르 등의 현대 거장들이 등장하다가 어느새 공자

를 논하고 손무, 한비자, 노자, 맹자가 자연스럽게 만나는
가 하면, 플로티노스Plotinos와 왕부지王夫之가 비교되고 마
오쩌둥과 덩샤오핑의 정치도 동서비교철학 담론 안에 녹
아들었다. 지금까지 공부해온 많은 것이 연결되었고, 줄리
앙의 다른 저작들도 읽으면서 동양과 서양의 관계를 바라
보는 관점이 생기게 되었다. 조금씩 자신감이 생기면서 관
련 주제로 여러 차례 강의를 했다. 강의를 준비하고 진행
하면서 생각이 많이 정리되었고 특히 나 자신이 얼마나 서
구화되어 있었는지를 절감했다. 줄리앙의 여러 저작들 가
운데 《효율성 논고》, 《효율성에 관한 강연》, 《운행과 창조》,
《사물의 성향》 등이 강의를 위해 유용하게 활용되었다. 이
책은 동서양의 효율성 개념에 관한 나의 독서와 강의를 정
리한 결과다.

동양적 효율성과 서양적 효율성에 관해 강의를 하면
서 느낀 점이 참 많았다. 우선 대부분의 학생들이 서양적
관점을 더 친숙하게 느끼는 경우가 많다는 점이었다. 이론
과 실천, 계획과 행동, 목적과 수단 등의 지극히 서구적인
구분법에 대해서는 의문조차 갖고 있지 않았다. 이는 서구
문화에 친숙한 학생들로서는 오히려 당연한 일인지도 모
른다. 그러나 손자병법, 노자, 귀곡자 등의 관점을 대하면
학생들은 처음에는 웃으며 낯설어하다가도 의외로 고개를
끄덕이며 공감하고 동양적인 것이 무엇인지 찾아보려는

모습도 보였다. 그만큼 우리 심성에 동서양의 문화가 착종되어 있다는 의미일 것이다.

우리에게 서양은 큰 숙제다. 조선 시대에 간헐적으로 진행된 서구와의 접촉, 대대적인 천주교 박해와 수용, 일제강점기의 강압적인 사회·문화적 변동, 전쟁과 냉전 그리고 1960년대부터 본격화된 산업화와 자본주의의 발달은 서구 문명의 유입과 맞물려 있다. 서구화에 관한 문제는 아직도 해결되지 않은 논쟁점이다. 서구적 근대성을 기반으로 경제, 정치, 제도, 교육, 종교, (의식주 영역까지 포함한) 문화 등 거의 전 분야에 서구의 영향이 스며 있다. 서구화의 방향과 평가, 그리고 동양의 대응 방법은 쉽게 끝날 수 없는 숙제로 남을 것이다.

이 책은 효율성 개념을 중심으로 동서양의 간극을 설명하고 그 의미를 조명하려는 시도다. 효율성은 동서양의 가장 현실주의적인 사상가들이 추구했던 개념으로, 가장 개인적인 일상에서부터 국제정치학적 문제에까지 적용될 수 있다. 16~17세기까지만 해도 세계 최강이었던 중국은 제국주의 시대를 맞이하여 서양적 효율성 앞에 무릎 꿇은 아픈 기억이 있다. 동양과 서양의 만남은 의외로 매우 긴 역사를 가지고 있다. 제국주의 이후로 급격하게 서구화되어 온 우리 자신을 이해하기 위해서는 동양과 서양이 본격적인 관계를 맺어 온 역사와 그 의미를 살펴볼 필요가 있다.

이 책의 1~3장까지는 효율성에 대한 철학적 담론을 다루고 보론에서 동양과 서양이 만난 역사를 조명했다. 취향에 따라 본문과 보론의 독서 순서를 정해도 무방할 것이다. 효율성에 대한 동서양의 개념을 곧바로 접하려면 본문을, 효율성 개념의 역사적 맥락을 파악하려면 보론을 먼저 읽으면 된다.

①

서양적 효율성

모델화

서양 문명의 두 축은 희랍 사상과 기독교 사상이다. 특히 희랍 사상은 기독교 전파에 혁혁한 공을 세운 성 바울에게도 큰 영향을 주면서 서양 문명의 만형 역할을 담당해 왔다. 희랍의 전통을 계승한 서양인들에게 효율성을 특징짓는 것은 모델화Modelization다.

모델화는 실현하고자 하는 대상을 관념적으로 먼저 구상하고, 그 후에 의지와 행동을 통해 관념적 구상을 현실 속에 구체화하는 구도다. 모델화는 계획표를 그려서 벽에 붙여놓고 실천할 때를 생각하면 이해가 쉽다. 어떤 계획을 실현하기 전에 그것을 목적으로 설정하는 것은 지성의 활동이다. 목적은 아직 실현되지 않은 것이기 때문에 관념적 형태로서 머릿속에 있다. 이 관념적 형태를 실제로 구현하려면 의지와 행동의 개입이 필요하다. 너무도 당연해 보이는 이러한 구분은 사실 서양 사상 고유의 뿌리 깊은 편견이다.

서구인들에게 모델화는 너무도 깊이 각인되어 있어서 문제의 대상이 되지도 않는다. 즉 모델화 구도의 습벽이 너무도 강해서 그것을 보지도 못하고 문제 삼지도 못한다. 꽤 오랜 기간 동안 서구적인 교육을 받아온 우리도 역시 이러한 구분을 문제의식 없이 사용해왔다. 이론/실제, 목적/수단, 사유/행동, 계획/실천과 같은 구분은 자연스럽게 받아들여지고 있다.

그래서 어떤 공부를 할 때나 악기를 배울 때도 먼저 이론이나 공식을 익히거나 악보 보는 연습을 한다. 수년 전에 나는 마음에 드는 재즈 교본을 산 적이 있다. 미국의 재즈 학도들 사이에서 교과서로 간주될 정도로 명성이 높은 교본이었다. 머리말에서 저자는 그 교본을 쓰게 된 배경을 설명했다. 모델화, 즉 이론과 실제의 구분을 허물 것을 제안하는 언급이었다. 이미 유명한 교수였던 그는 한 대학에서 재즈 즉흥연주에 관한 특강을 했다고 한다. 스스로도 뿌듯할 정도의 멋진 강의를 했다고 생각하고는 깔끔한 마무리를 위해서 물었다. "혹시 질문 있습니까?" 한 구석에서 충격적인 질문이 날아왔다. "그래서 즉흥연주는 어떻게 하는 거예요?" 이때 교수는 머리를 얻어맞은 기분이었다고 한다. 돌아오는 비행기 안에서 곧바로 교재를 구상했다. 이론을 먼저 설명하고 "그다음에" 악기를 연주하도록 하는 것은 결코 쉽지 않은 일이므로 우선 악기를 바로 연주하도록 하는 것이 교재의 목표였다.

나는 이 미국 교수의 생각에 동의한다. 그래서 주위 사람들이 악기 연주에 대해 물어보면 무조건 일단 악기를 만지고 단 한 음이라도 좋은 소리를 느끼라고 조언한다. 어느 정도 느낌이 왔을 때 이론에 접근해도 충분하다. 실제로 악기를 배우고 싶은 많은 사람들이 이론에 질려서 악기 연주는 해보지도 못하고 포기하는 경우가 많다. 이러한 점도 모델화의 영향이라고 할 수 있을 것이다.

그러나 서양의 모델화 전통은 매우 강력하고 치밀하다. 좀 더 깊이 모델화를 알아볼 필요가 있다. 프랑수아 줄리앙 교수는 서구인들을 겨냥하며 다음과 같이 말한다.

우리는 관념적 형상eidos을 세우고, 그것을 목적telos으로 설정하며, 그 다음에 그것을 사실로 구현하기 위해 행동한다. …… 우리는 구상한 모델, 세계에 투영하고 실현할 계획이 되는 모델에 눈을 고정시키고서 세계에 개입하고 실재에 형상을 부여하기로 결정한다.*

그리고 비록 모델화의 구도대로 계획을 실현하지 못해도 모델은 행동과 평가의 기준이 된다. "행동에 있어서 우리가 그 관념적 형상에 가깝게 갈 줄 알수록 행동을 성공시킬 기회는 커질 것이다."**

* 《François Jullien, Traité de l'efficacité》, Paris: B. Grasset, 1996, p.11. '효율성 논고'로 번역할 수 있는 이 저작은 이후 'TE'로 표기하고, 이와 더불어 유용하게 사용될 텍스트 《Conférence sur l'efficacité효율성에 관한 강연》은 'CE'로 표기한다. 이 글들은 프랑수아 줄리앙의 작품 모음집 《La philosophie inquiétée par la pensée chinoise중국 사유에 의해 불안해진 철학》에도 수록되어 있다.

** TE, p.11.

언제나 최선의 규칙을 추구했던 라이프니츠 역시 완전성을 모델로 삼아야 한다고 강조한다. 완전성은 최종적 등급의 설정이 가능한 것이다. 불완전한 것들은 그 끝이 없지만 완전한 것은 최선이 있다. 예를 들어 각 변이 4인 정사각형과 한 변이 2이고 다른 변이 6인 직사각형이 있다고 해보자. 두 사각형의 변의 합은 각각 동일하게 16이지만 면적은 각각 16과 12이다. 또는 한 변이 1이고 다른 변이 7인 직사각형은 변의 합은 역시 16이지만 면적은 7에 불과하다. 이런 식으로 무한히 진행될 수 있다. 즉 최대의 면적은 존재하지만 최소의 면적은 끝없이 내려갈 뿐이다. 따라서 최선만이 좋은 것의 기준이 된다. 어떤 것이 덜 완전한 것에 비해 좋다고 말하는 것은 칭찬할 만한 것이 아니다. 시험을 볼 때 100점 만점이면 100점을 기준으로 잘했는지 못했는지를 평가해야 한다. 90점의 점수를 맞고서 80점보다 좋은 점수이기 때문에 잘했다고 하는 것은 그리 칭찬할 일이 아닌 것이다. 이러한 라이프니츠의 생각에는 당연히 완전성의 모델에 대한 전제가 깔려 있다.

모델화는 서양 문명의 중심축인 그리스 사상에서 정초되었다. 실제로 모델화의 구도는 플라톤에서 극명하게 나타나며, 플라톤보다 현실주의적 입장을 택한 아리스토텔레스에게서도 역시 강조된다.

플라톤에게 데미우르고스는 세계를 제작하는 신을

말하는데, 이 데미우르고스는 최선을 목적으로 삼고 "불멸의 존재"에 "끊임없이 시각을 고정하는 것" 말고는 달리 어떻게 할 수가 없다. 이는 불변의 존재의 형상과 그 속성들을 자신의 활동 안에 실현하기 위함이다. 《티마이오스》에서 플라톤은 다음과 같이 말한다.

제작자가 불변의 존재에 눈을 고정시킨 채 그러한 모델에 따라 작업하고 그 형상과 덕을 재현할 때, 그가 실현하는 모든 것은 필연적으로 아름답다.(28a)

이 세계가 아름답고 그 창조자가 탁월하다면, 그는 영원한 모델에 대한 눈을 가졌음이 명백하다.(29a)

국가의 건설도 위대한 제작자를 모델로 삼아 이루어진다. 즉 국가의 설립자는 영원한 본질들의 절대성에 "자신의 시선을 맞추고" 신적 모델을 구현하고자 한다. "국가의 행복을 위해서 국가의 모습을 그리는 사람은 신적 모델을 사용하는 화가여야 한다."*

아리스토텔레스는 플라톤의 이상주의를 극복하고

* 플라톤, 《국가Politeia》, 500e.

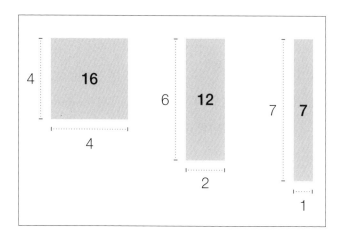

둘레는 같으나 너비가 다른 사각형들

사각형의 둘레가 일정할 때 '넓이가 최대가 되는 사각형'은 존재하지만 '넓이가 최소가 되는 사각형'은 존재할 수 없다. 즉 '최종적 등급'의 설정이 가능한 것이다. 이러한 라이프니츠의 생각에는 '완전성의 모델'이라는 전제가 깔려 있다.

현실주의를 강조했다. 그래서 현실 세계가 영원한 본질인 이데아의 단순하고 불완전한 복사라는 생각은 의문시된다. 세계의 질료, 즉 현실 세계는 단지 데미우르고스가 마음대로 가공하는 수동적 대상일 수는 없기 때문이다. 특히 아리스토텔레스는 이론 또는 이상과 실천의 관계가 불안정하다는 점에 대해 고민했다. 실천은 항상 이론의 수준에 미치지 못하기 때문이다. 이론은 언제나 완벽하지만 이론대로 100% 실천되는 경우는 거의 없다. 그래서 아리스토텔레스는 이론과 실천을 매개할 수 있는 것을 구상했다. 그것이 바로 신중함, 사려 깊음prudence 등의 뜻을 가진 '프로네시스phronesis'다. 프로네시스는 모델화와 그 실현을 연결시켜줄 수 있는 것이며, 일반적으로 이들을 분리하는 구렁을 메워줄 수 있는 것이다. 그래서 서양에서 프로네시스는 엄밀한 이론을 추구하는 철학자보다는 좋은 눈썰미와 직감, 판단력을 필요로 하는 정치인의 덕목이다.

그러나 이상적인 어떤 것을 향해 시선을 돌려야 한다는 유럽인의 생각은 항상 유지된다. 비록 그것이 중도의 이상일지라도 이상인 것은 마찬가지다. "시선을 균형점에 고정시킨 채" 중간의 이상을 향해 활동을 이끌어갈 것이 요청된다. 아리스토텔레스는 다음과 같이 말한다.

마찬가지로 모든 인식은 정확한 중간에 대한 눈을 갖고

행위를 위해 그 중간에 의거할 때 자기 역할을 충실히 수행한다. 이러한 점이 바로 적절히 수행된 모든 작품에 대해 일반적으로 말해지는 것이다. 그러한 작품은 거기서 아무것도 뺄 수도 없고 덧붙일 수도 없는 것이다. 모든 첨가와 삭제는 그 작품에서 완전성을 제거하고 그 완전성을 보존해주는 완전한 균형을 제거할 뿐이기 때문이다. 또한 훌륭한 장인들은 이런 식으로 그 균형점에 항상 눈을 고정시킨 채 작업한다.[*]

이상적인 덕은 중용이다. 그러나 중용은 언제나 목표로서 나중에 구현해야 할 대상이며 그 완전성은 규범으로써 기능한다. 결국 유럽의 사유에서 "목적으로 정립된 모델의 기능은 온전히 남아 있으며, 이러한 모델은 일단 획립되고 나서는 '실천'이 그 뒤를 따르는 '이론적' 구도 위에 결정되는 것이다."[**] 이렇게 희랍에서 정초된 관념/행동, 이론/실천의 모델화는 서구인들이 의문조차 갖지 않는 습벽習癖이 되었다.

---

[*] 아리스토텔레스, 《니코마코스 윤리학Ethika Nikomacheia》, 2권 6장 1106b.

[**] TE, p.13.

유대교와 기독교

헤브라이즘 전통도 마찬가지다. 유대교와 기독교의 창조론이 가능하려면 창조된 세계보다 완전한 존재의 상정은 불가피하다. 신의 절대적 완전성, 특히 전지全知성이 전제되는 한, 즉 현실 세계의 모델이 되는 존재나 관념이 설정되는 한, 서양 사상에서 모델화의 구도를 피하기는 어렵다. "세계를 창조의 관점에서 설명하려고 생각한다는 것 자체가 미리 정해진 입장으로 가득 차 있는 것"이다.* 기독교적 구조를 옹호한 서양의 대표적 철학자인 라이프니츠는 세계를 설명하기 위한 본질적 근거로서 신의 지성 혹은 오성을 강조한다. 신의 지성이라는 관념적 영역은 그가 자신의 철학 체계를 구성하기 위해 모든 것을 걸고서 지키고자 한 핵심적인 측면이다.

모든 의지는 의욕의 근거를 전제하고 있고, 이 근거는 당연히 의지에 선행하는 것처럼 보인다. 따라서 형이상학과 기하학의 영원한 진리 그리고 결과적으로 선, 정의正義 및 완전성의 규칙들도 또한 신의 의지의 결과 외에 아무것도 아니라고 말하는 몇몇 다른 철학자들의 진술이 나는 아주 이상하다고 생각한다. 반면에 나에게는

* TE, p.11.

26

라파엘로 산치오, 〈아테네학당〉 일부(1509~1510)

이데아를 설명하려면

그림에서 컴퍼스를 들고 있는 사람이 유클리드다. 기하학이야말로 서구 모델화의 상징이다. 기하학은 현실 세계와 무관하게 완벽한 점, 선, 도형이 존재한다고 전제할 때 비로소 가능한 학문이다. 기하학은 모델화의 모델이다.

그 영원한 진리와 규칙들이, 그의 본성과 마찬가지로 명백히 그의 의지에 의존하지 않는 신의 오성의 결과들인 것처럼 보인다.[*]

플라톤에게 이미 나타난 개념이기도 하지만, 창조 전에 신이 지성을 통해 "최선optimum"을 관념적으로 구상하고 예정한다는 생각은 라이프니츠의 신학을 관통하는 핵심적인 축이다. 게다가 이 인용문에서 라이프니츠는 지성과 의지의 구분은 설명도 필요 없는 당연한 개념인 것처럼 전제하고 있다.

사실 나는 플라톤의 이데아나 아리스토텔레스의 형상을 이해하기가 너무 어려웠다. 우수한 두뇌도 아니고 공부를 게을리한 탓도 있겠지만 어쩌면 동양 유전자를 가진 나로서 당연한 일이 아니었을까 하는 위안도 요즘은 가져본다. 실제로 이데아나 형상을 학생들에게 이해시키려면 얼마나 많은 설명이 필요한가! 한국고대사를 전공한 어느 선생님을 만나 이야기를 하는데, 대학 교양학부에서 플라톤을 가르쳐야 한다고 하셨다. 전공도 아니지만 교재에 플라톤 텍스트가 포함되어 있어 어쩔 수 없이 가르쳐야 한

[*]   고트프리트 빌헬름 라이프니츠, 《형이상학 논고Discours de métaphysique》, 2절.

28

다는 것이었다. 그러고는 나지막한 목소리로 두 학기가 지나서야 이데아가 뭔지 조금 알게 되었다고 하셨다. 십분 이해가 된다. 철학을 전공하는 나만 해도 이데아를 설명하려면 삼각형, 원, 수학 등의 기하학적 예를 도입하고, 개별적 고양이들은 완전한 고양이, 즉 고양이의 이데아의 불완전한 복사물이라고 열변을 토해야 비로소 학생들은 낄낄거리며 조금이나마 공감한다. 형상을 설명하기 위해서도 도토리의 완성은 참나무고, 참나무의 관념이 도토리로 하여금 질료를 채워나가도록 이끈다는 난해한 개념을 도입해야 한다. 철학은 놀라움이라는 말도 있기는 하지만 서양적 개념들의 낯설음을 인정하지 않을 수는 없다는 생각이다. 모델화에 비하면 천 리 길도 한 걸음에서 시작된다는 노자의 말이나, 물을 튀기면 솟아오른다는 맹자의 예는 너무도 자연스럽다. 철학이 그토록 어려워야 하는가?

그러나 모델화는 서양을 지배해온 개념이고 기독교에서도 유감없이 나타난다. 잠시 철학을 떠나서 기독교가 대중음악 역사에 미친 영향을 언급할 수 있겠다. 현실 세계보다 상위의 세계가 존재한다는 서양인들의 생각은 아이러니하게도 미국에 끌려온 흑인 노예들에게 영향을 주었고, 서양 음악과 아프리카 음악이 만나는 역사를 만들어냈다. 잔혹하게 노예를 부렸던 미국 남부의 농장주들은 독실한 기독교 사회에 속해 있었다. 사랑과 자비의 가르침을 따르는 기독교인들이 흑인을 단지 짐바리 짐승처럼 부린다는 것을 대놓고 인정하기는 힘든 일이었다. 그래서 그들은 흑인 노예들이 예수를 믿도록 가르쳤다. 이러한 역설적 사건이 위대한 흑인 음악이 탄생된 계기다. 종교적 노래는 아프리카의 천재성을 발휘할 수 있는 표현 수단 중 하나가 되었다. 흑인 노예들은 엄청난 응용력을 발휘하여 찬송가들을 아프리카와 서양이 섞인 종교적 음악으로 변형시켰다. 이것이 흑인영가Negro-spirituals다.

미국의 노예 시대에 흑인들은 성경의 주제들에 매우 독특한 의미를 부여했는데 여기서 우리는 모델화의 또 다른 의미를 발견할 수 있다. 1800년대에 미국 남부를 방문했던 한 영국 신부는 다음과 같이 말했다.

흑인 노예들의 종교적 노래들에는 깊은 슬픔과 천국을 향한 열렬한 기쁨이 섞여 있다. 이는 그들이 그토록 바라던 자유를 누리기 위해 하루 바삐 예수를 만나기를 바란다는 것을 암시해준다.

흑인 노예들은 이집트의 속박을 피해 약속의 땅으로 도주한 유대인들과 자신들을 동일시했기 때문에 그들에게 유대 민족의 고통과 슬픔에 관한 이야기는 큰 영향을 주었다. 다음은 유명한 흑인영가의 한 구절이다.

버지니아 농장의 춤추는 노예들

흑인 음악은 극심한 노동의 고통을 잊기 위한 노동가에서 흑인영가, 가스펠 등으로 발전하게 된다. 백인들에게 잡혀와 미국에서 노예 생활을 하던 흑인들은 성경에서 현실로부터의 탈출구를 찾았으며, 이 세계와 다른 이상향 또는 해방의 추구는 흑인영가 및 가스펠의 중요한 테마였다. 흑인 음악은 블루스의 창조로 이어지면서 전 세계 대중음악의 뿌리가 되었다.

모세여 내려와주오, 이집트 땅에 내려와주오.

늙은 파라오에게 우리 민족을 떠나게 해달라고 말해주오.

Go down Moses, way down in Egypt's land.

Tell old Pharahoh, let my people go.

'모세여 내려와주오Go down, Moses'

이렇게 서양의 모델화 전통은 기독교 전통과 맞물리면서 현실 세계의 불완전성, 속박, 타락과 구별되는 자유와 해방 관념의 뿌리가 된다. 서양 사상의 거대한 두 축인 헬레니즘과 헤브라이즘은 모델화 전통 안에 있는 것이다.

근대성과 모델화

특히 모델화는 서양 근대의 핵심적 전통으로 자리 잡는다. 16~17세기에 정초되고 18~19세기에 만개한 서양 근대의 합리성이 19세기의 제국주의 시대 이후 세계적으로 표준화된 점을 인정한다면 모델화는 "세계의 가장 특징적인 표시 중 하나가 된다."*

20세기의 저명한 신학자인 폴 틸리히Paul Tillich는 근대 계몽주의의 주요 요소 가운데 조화 개념을 강조하며 "조화 사상의 가장 깊은 표현"은 라이프니츠에게서 찾아

볼 수 있다고 언명한다.**

　　라이프니츠의 조화 개념은 신의 지성에 의한 모델화 구도를 표현한다. 조화 개념은 기독교 신학의 기본적 개념이다. 기독교 신학에서 조화 개념은 섭리 사상과 본질적인 관련이 있다. 신이 매순간 창조하고 있는 섭리는 역사의 모든 사건을 신의 나라에서의 궁극적인 성취로 이끌어 간다는 것을 뜻한다.*** 계몽주의 시대에 이러한 조화 개념은 경제학과 정치학에서 자유주의라는 이름으로 강조되었다. 각 개인은 자신의 이익에 따라 행동하지만 결국 생산과 소비의 전체적 목표가 숨은 원칙, 즉 보이지 않는 손에 의해 달성된다는 애덤 스미스의 자유주의적 모델은 조화 사상의 섭리를 표현하고 있다. 또한 계몽주의 철학에 따르면 민주주의는 각 개인이 자신의 이성을 따르면 모두에게 이익이 되는 일반 의지가 형성된다는 이념에 근거한다. 이 또한 조화 개념의 섭리 사상 혹은 모델화 구도와 일맥상통하고 있는 것이다.

　　모델화는 특히 근대 과학에서 극명하게 위력을 발휘

---

* 　　TE, p.13.

** 　　폴 틸리히, 《19~20세기 프로테스탄트 사상사》, 송기득 옮김, 대한기독교서회, 2004, 51쪽 참조.

*** 폴 틸리히, 위의 책 54쪽 참조.

한다. 수학과 기하학은 모델 중의 모델이기 때문이다. "과학(유럽 과학, 적어도 고전 과학)은 그 자체로 거대한 모델화(그리고 우선 수학화) 작업일 뿐이며, 실천적 적용으로서 모델화의 기술이 나타나 세계를 물질적으로 변형함으로써 효율성을 보증하게 되었다."* 수학적 모델화는 중국과 관련지어 볼 때 서양의 힘을 드러내는 요소다. 14~15세기까지만 해도 중국이 대부분의 분야에서 서양과 대등하거나 그보다 우위에 있었다. 그러나 15~16세기에 들어 중국이 갑작스레 뒤처지기 시작한 것은 서양이 수학적 모델을 통해 효율성을 추구했기 때문이다.

> 그리스에서 발생하였지만, 갈릴레이에 와서 갑자기 모든 결과를 낳고 데카르트와 뉴턴을 거쳐 유럽 전체를 관통한 위대한 이념은 수학이 언어라는 이념이다.**

갈릴레이는 이 세계가 거대한 책이며 이 책의 언어는 숫자와 기하학 도형이라고 선언한다. 따라서 세계를 이해하려면 세계의 구조인 수학을 배워야 한다. 갈릴레이의 이러한 선언은 서양 고유의 모델화 개념을 상징적으로 표현

---

*   TE, pp.13~14.
**   CE, p.21.

한다.

근대 과학의 창시자 중 한 명인 갈릴레이의 이러한 생각은 어떻게 보면 "미친" 이념이지만 실천적으로는 "무한히 풍요로운" 이념이다. "어떠한 이유로 자연 현상들이 수학적 구성과 추론하에 배치될 수 있는지, 그리고 수학적 구성과 추론의 비상식적 효율성이 어디서 온 것인지 오늘날까지 그 누구도 설명을 못하고 있다."* 사실 이미 19~20세기에 서양에서 수학적 과학의 타당성은 집중적으로 논의되었으며 아직도 해결되지 않은 거대한 문제다. 프랑스 철학자인 모리스 블롱델Maurice Blondel은 근대 과학을 엄밀하게 비판하면서, 수학과 자연은 엄밀한 이론의 차원에서는 접합될 수 없으나 실천적 차원에서는 성공적으로 연결되었다고 적절히 설명했다. 즉 과학은 실천적으로 성공을 거둔 것이다. 과학에 대해 한마디로 정의하기는 어려우나 수학과 경험의 결합이라고 할 수 있겠다. 이러한 측면은 근대 과학의 특징과 연관된다. 예를 들어 19~20세기에 크게 유행한 실증주의는 근대 과학의 귀착점이라고 볼 수 있다. 근대 과학은 희랍 사상에서 금지시켰던 수학과 자연의 결합을 이루어냄으로써 성공을 거둔다. 희랍 사상에 따르면 수학은 감각적인 것과 구별되는 관념적인 것에 적용되는

* CE, p.22.

한에서 엄밀성을 가진다. 물론 희랍에서도 사물들의 측정을 위해 수학이 사용되었지만 이러한 적용은 부수적인 것이었다. 그리고 희랍인들은 관찰된 사실을 보편적이고 필연적인 법칙으로 규정할 수 없다고 생각했다. 즉 희랍인들은 엄밀한 의미의 자연과학 개념이 없었다. 근대 과학은 이러한 한계를 넘어서서 감각적 현상의 질적 다양성을 양적 규정으로 환원하면서 탄생한다. 모리스 블롱델의 스승인 에밀 부트루Emile Boutroux에 따르면 희랍인들은 수학과 관찰 과학을 분리했기 때문에 자연적 필연성의 개념을 가질 수 없었다. 그러나 갈릴레이와 데카르트에 오면서 과학은 수학을 자연에 적용했고 이로부터 '자연법칙'이라는 개념이 등장한 것이다. 부트루는 다음과 같이 말한다.

> 수학은 과학에 필연성을 전달하고, 경험은 수학에 구체적 가치를 전달한다. 이것이 근대 결정론의 뿌리이다. 모든 것이 필연적으로 규정되었다고 믿는 이유는 모든 것이 실제로 수학적이라고 믿기 때문이다.

실제로 서양은 수학을 자연에 적용하면서 고전물리학, 공학 물리학을 탄생시켰으며 여러 기술적 발견과 함께 짧은 기간 안에 세계의 모습을 바꾸어놓았다. 중국에도 수학이 없었던 것은 아니지만 중국인들은 수학이 언어라는

알브레히트 뒤러, 〈멜랑콜리아I〉(1514)

근대의 자화상

이상을 위해 현실과 투쟁하고 좌절하는 천재 예술가상이 도출된 뒤러의 이
작품은 모든 근대 예술가의 원형이라고도 할 수 있다. 주위의 사물들(마방
진, 모래시계, 저울, 컴퍼스 등)은 혼돈에 질서를 부여하는 창작 행위와 관련
이 있다.

이념을 가진 적이 없다. 그들은 언어로서의 수학이 자연현 상을 설명할 수 있다고도 생각하지 않았다. 나아가 그들은 신이 세계를 창조하거나 방정식으로서 "썼다"고 생각하지 않았다. 실제로 라이프니츠는 신이 계산하는 동안 이 세계 가 창조되었다고 주장했다. 즉 최적의 방정식이 신의 지성 속에 세워진 순간 이 세계가 창조되었다는 것이다. 반면 중국은 자연이 음양陰陽의 교대에 의해 순환한다고 보았기 때문에 《방법서설》에서 데카르트가 선언한 것처럼, "자연 의 지배자와 소유자"가 될 수 있다고 생각하지 않았다. 그 렇지만 수학에 근거한 과학과 기술은 서양을 경제적·정치 적 강자로 만들어 주었다.

모델화의 한계

그러나 모델화가 자연의 지배와 기술의 차원에서 효 율성을 발휘하지만 인간관계 같은 동태적 영역에서 동일 한 효력을 갖는가? 혹은 아리스토텔레스적인 용어로 말하 자면 '생산'의 영역에서 큰 효력을 발휘하는 모델화와 그 실현, 그리고 이론과 실천의 관계가 '실천' 또는 행동의 영 역에서도 동일하게 적용될 수 있는가? 더 구체적으로는 전쟁과 같은 가장 가변적인 영역에서도 장인이나 데미우 르고스처럼 완전한 모델에 근거하여 상대를 제압할 수 있을까? 모델화를 통한 효율성은 일반화될 수 있는가?

모델화 개념은 희랍 철학에서 정식화되고 기독교 사상에서 유지되며 근대에 와서 정점에 이르렀다. 모델화는 수학과 근대 과학의 발전과 함께 확실한 지식의 발판이 되었고 특히 생산과 경제의 영역에 적용되면서 서양이 세계에 막대한 영향력을 발휘하는 원동력이 되었다. 그러나 모델화는 수학, 기하학, 그리고 생산의 영역에서는 효율성을 발휘하지만, "살아 움직이고 반응하는 현상"*인 전쟁에도 적용될 수 있는 전략인가? 전쟁은 본질적으로 상대방의 반응에 따라 변화하는 분야다. 따라서 예측하기가 가장 힘든 것이 전쟁의 양상이다. 독일의 전쟁 이론가 클라우제비츠Karl Clausewitz의 관점을 통해 서구적 효율성의 내적 문제를 설명할 수 있다.

클라우제비츠는 서양이 전쟁을 사유하는 데 실패했다고 본다. 서양에서 전쟁은 무장, 요새 등의 순전히 물질적 형태로, 모델화 가운데서도 특히 기하학적 모델화를 통해 사유되었다. 플라톤에 따르면 훌륭한 장군의 기준은 그가 탁월한 기하학자인지의 여부다. 그러나 모델화를 통해 전쟁을 사유할 때 여러 문제가 발생한다. 모델화는 절대적 모델로서의 전쟁, 즉 이론적 전쟁에서 이탈될 수밖에 없

*　　TE, p.25.

는 "실재적" 전쟁을 포착하지 못하기 때문이다. 역설적으로 클라우제비츠는 이러한 이론과 실재의 간극 또는 마찰 friction을 통해 전쟁을 정의한다.

클라우제비츠는 행동을 인도하는 관념적 모델의 이러한 실패를 사유하기 위한 개념을 만들어냈는데, 그것은 마찰이다. 이 개념은 실재적 전쟁을 책에서 우리가 읽는 전쟁과 구분하기 위해 필요한 꽤 일반적인 개념일 것이다. '전쟁에서는 결코 종이 위에서 충분히 자세하게 검토할 수 없는 수많은 부수적 우연의 연속으로 모든 것의 수준이 낮아지기 때문에 우리는 목적에서 멀어지게 된다'는 것이 사실이라면 말이다.*

전쟁의 고유한 특징은 실재적 전쟁이 계획이나 이론적 모델처럼 진행되지 않는다는 것이다. 이것이 바로 전쟁의 본질 또는 전쟁의 개념이다. 전쟁은 우리가 예견하고 투영했던 것으로부터 항상 이탈하게 되어 있다. 전쟁은 모델화대로 이루어지는 법이 없다. 그러나 클라우제비츠는 전쟁에 있어서 모델화의 불가능성을 의식하면서도, 전쟁 계획 혹은 작전을 구상하려면 모델화에서 벗어나지 못한

* TE, p.24.

다는 점을 인정한다.

실제로 전쟁에서 모델화는 이전의 경험에 의거할 수밖에 없다. 예를 들어 프랑스 군대는 1914년의 제1차 세계대전에서 1870년에 치렀던 전쟁 방식을 준비했다. 1870년의 전쟁은 짧고 빠른 이동이 필요했던 전쟁이었다. 그러나 1914년의 전쟁은 참호전이었다. 참호 속에 숨어서 적을 앞에 두고도 움직이지 말아야 하는 전쟁이었다. 이러한 상황은 전투가 시작되기 전에는 상상할 수 없는 일이었다. 하지만 사령부는 참호에 대해서는 상상하지도 못한 채 1870년의 경험대로 계획을 세워야 했다. 그러나 전쟁은 모델화로부터 완벽하게 이탈했다. 1940년대 제2차 세계대전에서도 프랑스는 이전 경험, 즉 참호전을 바탕으로 작전 계획을 세울 수밖에 없었디. 그 유명한 요새, 사상 최대의 요새인 마지노선을 만든 것이다. 그러나 제2차 세계대전은 참호전이 아닌, 공군의 지원 아래 신속한 기습 및 이동이 중심이 되는 전격전이었다.

클라우제비츠는 적절한 예를 들어 설명한다. 모델화할 때, 즉 계획을 세울 때는 땅 위를 걷는 것과 같지만 계획을 실행에 옮길 때는 물속을 걷는 것과 같다. 톨스토이의 《전쟁과 평화》에서 늙고 노련한 러시아 장군 쿠투조프는 한 시간 넘게 낭독되는 작전 계획을 듣지 않는다. 내일 아침에 작전대로 되지 않는다는 것을 경험을 통해 잘 알고 있기 때문이다. 그래서 그는 잠을 자두는 편이 더 현명하다고 생각하고 잠을 잔다. 실제로 다음 날 아침 적군의 상태, 날씨 등 모든 것이 예상과 반대로 움직였고 아군은 철저하게 패배했다. 전쟁은 마찰이다. 계속 균형을 다시 잡고 저항을 무찌르고 억지로 이루어내야 한다. 항상 '상황'이 발생하기 때문이다.

일상에서도 비슷한 경험을 하는 경우가 많다. 예를 들어 시험 준비를 너무 철저하게 하려고 텍스트를 전부 외우는 사람들이 있다. 다행히 다 외워서 쓰면 좋지만, 한 부분이 기억이 안 나면 다른 부분에도 영향을 미쳐서 갑자기 전체적인 혼란을 겪을 때가 있다. 나도 이제는 시험 볼 일이 거의 없지만, 강의를 할 때 의도적으로 준비를 덜할 때가 많다. 준비를 덜한다는 것은 준비를 안 한다는 것은 아니다. 정해진 시간에 반드시 그 이야기를 해야겠다는 생각을 하지 않는다는 의미다. 강의도 선생과 학생들 간의 상호작용이기 때문에 항상 '상황'이 발생한다. 준비한 내용을 열심히 설명하는데 학생들이 지루해하거나 졸 수 있다. 그러한 분위기에서도 준비한 내용을 곧이곧대로 다 전하고 마무리해야만 하는가? 오히려 다른 내용으로 분위기를 전환해보고 학생들의 반응에 따라 모두가 흥미를 보이는 분위기를 만들어내는 것이 효율적인 강의일 것이다. 한낱 강의도 모델화가 성공하지 못할 때가 많은데 온갖 지략과

영화 〈아마겟돈〉(1998) 중에서

영웅주의, 서양 고유의 전통

서양의 모델화는 행동 전에 계획을 구상하는 전략이다. 그러나 돌발 상황으로 인하여 계획이 무산되었을 때 항상 특출한 영웅이 등장하여 천재적인 능력으로 사태를 해결해야 한다. 영화 〈아마겟돈〉에서 해리(브루스 윌리스)는 나사NASA 역사상 가장 큰 실패작이라는 모욕을 참아내고 목숨을 바쳐 세계를 구원한다. 영웅주의는 서양 고유의 전통이다.

탐욕이 충돌하는 전쟁에서 모델화가 온전히 적용되지 못한다는 것은 어쩌면 당연한 일이다.

그러므로 모델화를 통해 전쟁을 사유하는 서구적 합리성에는 일종의 구멍이 있다. 실재적 전쟁이 모델화로부터 이탈될 때, 역설적으로 위대한 지휘관에게 기대되는 것은 천재적 능력이기 때문이다. 천재적 능력은 기존의 모델화와 사령부의 모든 계획을 무시하는 것이고, 직접 마주친 상황에서 생겨나는 일에 즉석으로 반응하는 능력을 의미한다. 즉 모델화의 존재 이유가 불투명해지는 것이다.

이러한 점은 서양에서 영웅주의가 발달된 이유를 설명해주는 요소다. 영웅은 예기치 않은 상황을 맞이하여 극적으로 문제를 해결하는 인물이다. 영웅의 이야기는 서사시와 신화의 구도다. 주인공은 온갖 고생을 하지만 결국 난관을 극복하고 엄청난 능력을 발휘하여 승리를 쟁취한다. 그래서 효율성은 부딪친 난관의 정도에 비례하며 이것이 바로 서양 사상의 영웅주의적 측면이다. 전쟁에서 성과는 어렵게 획득한 만큼 놀라운 것이고 기쁨도 큰 것이다. 할리우드 액션 영화의 대부분은 이러한 영웅주의가 핵심이다. 〈다이하드〉, 〈배트맨〉, 〈매트릭스〉, 〈슈퍼맨〉, 〈스파이더맨〉 등등의 스토리는 한결같다. 주인공은 항상 예측하기 어려운 악당을 마주치고 예상치 못한 어려움을 겪지만, 결국은 천재적 능력을 통해 악당을 퇴치하고 찬란한 승리를 만들어낸다. 그러나 영화는 재미있고 감동도 있겠지만, 실제 전쟁을 평가하자면 문제는 심각해진다. 애초의 모든 계획은 아무 의미가 없어지고, 갑작스럽게 벌어진 상황을 해결하는 능력을 가진 비범한 영웅이 요청될 뿐이기 때문이다.

중국적 효율성

전략

그러면 전쟁을 사유하는 것은 불가능한가? 전쟁에 관해 모델화 외의 일관성 있는 사유는 없는가? 전략과 관련된 서구적 합리성의 내적 문제를 통해 우리는 중국적 전략 개념에 접근할 수 있다. 서양적 관점에서 실재적 전쟁이 모델화에서 이탈될 때 지휘관에게 요청되는 것은 천재적 임기응변, 즉 가변적인 상황에 대한 대처 능력이다. 보다 구체적으로는 상황의 흐름을 감지해내고 그 흐름을 이용하는 능력이 요구된다. 그런데 서구적 합리성에서 벗어나는 요소가 중국에서는 전략의 중심축이 된다. 바로 '형세' 개념이다.

우선 《손자병법》의 4편과 5편에 나타나는 '형세'의 개념에 주목해 보자. 《손자병법》의 4편 제목이 '형'形이고 5편 제목이 '세'勢다. '형'은 힘의 관계로서 우리 눈앞에 전개되고 형태를 취하는 '상황'이며 '세'는 이 상황 속에 함축되어 있는 '잠재력'이다. 《손자병법》에서 '세'는 "급류의 물살이 빠르고 거세어 바위조차 떠내려가게 하는 것" 혹은 "시위를 팽팽하게 당긴 쇠뇌"와 같은 것으로 비유된다. 급류의 비유에서 해석할 수 있는 것은 "상황은 그 자체로 결과의 원천"이라는 점이다. 즉 급류는 "세를 획득한다". "마찬가지로 시위의 경우도 경향성은 시위를 놓자마자 그 자체로 기능한다. 즉 시위는 (경향성의) 장치를 형성한다."*

이렇게 해석된 형세 개념은 효율성에 대한 서양의 인본주의적 개념을 문제 삼게 된다. 인본주의는 서구적 효율성인 모델화와 맞물려 있기 때문이다. 모델화는 관념/행동, 이론/실천의 이원적 구조를 갖는다. 이 구조에 의하면 관념적으로 설정된 목적의 실현을 위해서 행동이 요청되며, 행동을 위해서는 '주체'의 개입이 본질적인 요소가 된다. 달리 말하면 주체의 본질적 자질이 핵심적 요소다. 반면 '세'의 개념에 따르면 전략의 핵심 요소는 개인적 노력이나 주체의 개입보다는 "상황에서 비롯되는 객관적 조건"이다.* "내가 활용해야 할 것은 상황에서 비롯되는 객관적 조건이고, 내가 기대야 할 것도 그 객관적 조건이며, 성공을 결정하는 데는 그 조건만으로도 충분하다. 나는 객관적 조건이 작용하도록 내버려 두기만 하면 된다."** 그렇기 때문에 서구의 인본주의 전통에서는 개인의 본질적 장점이나 단점인 용기나 비겁함도 상황의 산물일 뿐이다. 아리스토텔레스에서 용기는 비겁함과 만용의 중간이기 때문에 본질적으로 좋은 것이다. 그러나 동양에서 널리 회자되는 배수지진背水之陣 전략은 주체가 아닌 상황의 관점에서 이해되어야 한다. 적국에 병사들을 진입시킬 때는 "적지

---

*   TE, p.29.

**   TE, p.29.

에 깊이 침입하여 그 나라의 많은 성을 거쳐서 등 뒤에 강력한 적대 세력을 두게"한다.[*] "병사들은 어떤 막다른 골목에 빠지더라도 오히려 두려워하지 않으며, 도망갈 길이 없다는 생각이 들면 결사항전의 각오가 굳어지게 마련이다. 적지 깊숙이 들어갈수록 장병들의 행동이 하나가 되고 어쩔 수 없다고 생각할 때에는 결사적으로 싸우게 된다."[**] 반대로 적을 그러한 궁지에 몰아넣어서는 안 된다. "적을 포위하였을 때는 한쪽을 터주어 적에게 도망갈 길을 보여주어야 한다. 갈 곳 없이 막다른 곳에 몰린 적은 너무 닦아세우며 압박해서는 안 된다."[***] 그렇기 때문에 누군가가 밉더라도 그를 극단으로 몰고 가서는 안 된다. 더 이상 잃을 것이 없다고 생각하는 사람은 가장 강력한 적으로 돌변할 수 있기 때문이다.

서양에서도 이런 종류의 전략이 부재했던 것은 아니다. 실제로 마키아벨리는 《전술론》에서 배수지진과 유사한 전략을 말한다.

몇몇 지휘관은 부하들을 승리하는 것 외에 목숨을 부지

---

[*]   손무, 《손자병법》, 유동환 옮김, 홍익출판사, 2005, 11편 169쪽.

[**]   손무, 위의 책 11편 173쪽.

[***] 손무, 위의 책 7편 134쪽.

할 수 없는 전장으로 이끕니다. 그러므로 이런 경우에는 병사들이 무엇에도 굴하지 않는 매우 용감한 병사로 거듭나도록 이끌어야 합니다.

특히 카이사르는 게르만군을 너무 잘 포위했기 때문에, 그 상황이 게르만 병사들을 광폭하고 호전적으로 만든다는 것을 의식했고, 나중에 다시 잡더라도 우선 퇴로를 열어두는 것이 그들을 용감하게 만드는 것보다는 낫다고 보았다. 마키아벨리는 다시 말한다.

이 점에 대해서는 카이사르가 독일인과 싸웠을 때를 예로 들 수 있습니다. 카이사르는 적이 패주하지 않으면, 적이 강력하다고 생각하고 퇴로를 열어주었습니다. 적이 방어를 할 때는 적을 무찌르는 위험을 무릅쓰기보다는 힘들더라도 그들을 패주시키고 나서 추격하는 쪽을 선택했습니다.

그러나 마키아벨리는 지나가는 말로서 이러한 점을 언급할 뿐이다. 결코 그는 이러한 관점을 중심으로 전략을 구상하지 않는다.

반면 상황의 흐름을 타는 것은 중국적 전략의 중심축을 구성한다. 실제로 손무는 형세와 개인적 자질의 본질적

상관성을 명시적으로 강조한다. "용맹함과 비겁함은 기세[勢]에 달려 있으며, 강함과 나약함은 상황의 형태[形]에 달려 있다."*

이렇게 상황의 잠재력에 의거하는 효율성이나 전략은 《손자병법》의 1편에서부터 나타난다. 1편의 제목인 '계計'를 미래에 실현할 계획이나 플랜 등으로 번역하고 이해할 경우 그 본질을 오해할 수 있다. 국내에서도 계획計劃으로 번역되곤 한다. 사실 '계획'이 문자 그대로 "구획을 산정하다" 정도의 뜻이라면 《손자병법》 1편의 의미와 상통하지만, 현재 통상적으로 쓰이는 의미인 "앞으로 할 일의 절차, 방법, 규모 따위를 미리 헤아려 작정함"과 같은 미래 지향적 의미라면 이는 지극히 서구적인 용법이 된다. 서구적 의미로 이해된 '계획'은 전쟁을 준비하기 전에 구상을 세운다는 의미다. 즉 모델화의 의미다.

《손자병법》에서 계는 '산정하다supputation', '평가하다evaluation'라는 의미다. 《손자병법》은 구상planification이 아니라, 상황 잠재력[形勢]의 점검이나 평가로 담론을 시작한다. 구체적으로는 항목별로 피아彼我 간의 역학 관계를 체계적으로 산정하고 평가하는 일람표를 구성해야 한다. 계란 현재 작동 중인 역학 관계를 총체적으로 점검해

---

* 손무, 앞의 책 6편 106~107쪽.

보는 것이지 미래의 계획 따위가 아니다. 심지어 싸우는 방법도 아니다. 내가 하고 싶은 것, 심지어 할 수 있는 것이 무엇인지를 투영하기보다는, 내가 한 것이 무엇인지, 내가 가진 것은 무엇이고, 가지지 않은 것은 무엇인지를 정확히 헤아려 보는 것이다.

개인적으로 지난 몇 년간은 계가 내 삶의 방식이었다. 나 또한 깊이 서구화되어 있었던 관계로 그 전까지는 항상 모델화의 영향을 받았던 것 같다. 늘 새로운 것을 만들어내려고 했으니 말이다. 그래서 연초면 새로운 노트를 장만하고 계획을 써놓거나, '올해는 꼭 이것을 해야지' 등의 다짐을 하곤 했었다. 그러한 다짐을 할 때면 이미 그것을 실현한 듯한 느낌도 들고, 또 그것을 해낼 것이라는 희망으로 벅차고 들뜨기도 했다. 그러나 그대로 이루어진 적은 한 번도 없었다. 일일이 다 체크해본 적은 없지만 항상 '상황'은 발생했고, 무엇보다도 그 계획이라는 것들은 대부분 무모했다. 항상 대단한 것을 이루겠다는 계획이었으니 말이다. 그러나 계의 의미를 알고 난 후에는 미래지향적인 계획은 거의 세우지 않았다. 오히려 지금까지 내가 해놓은 것 중에 어떤 것이 있는지 점검해보았다. 의외로 해놓은 일들은 많았다. 단지 아직 완성된 것이 아니기 때문에, 아무것도 아닌 것으로 간주하고는 그것과 무관한 새로운 계획을 세우고 늘 실패했던 것이다. 그러나 이미 해놓은 조각들을 모아 보니 어떤 형태가 보였고 거의 70%는 일이 완성되었다고 평가할 수 있을 정도였다. 나머지 30% 정도만 노력하면 정리가 되고 하나의 작품이 나올 수 있는 것이다. 그래서 지금도 학생들에게 늘 계를 조언하곤 한다. '너희들이 이루어 놓은 것은 의외로 많다는 점을 잊지 마라. 그동안 제출한 보고서, 답안지, 연습지, 메모 등등 모든 것에 대한 목록을 만들어라. 그리고 그것들을 토대로 어떤 그림이 그려지는지 주시하라.' 이러한 전략이 《손자병법》 1편의 메시지라고 나는 생각한다.

실제로 《손자병법》 1편은 적군과 아군 양쪽이 지닌 제 요소를 비교[校]함으로써 실제 정세를 파악할 것을 요구한다.

첫째, 군주의 정치는 어느 편이 더 나은가? 둘째, 장수의 지휘는 어느 편이 더 유능한가? 셋째, 기후와 지리 조건은 어느 편에게 더 유리한가? 넷째, 법제는 어느 편이 더 엄격하고 공정하게 시행되는가? 다섯째, 병력과 무기는 어느 편이 더 강한가? 여섯째, 병사의 훈련은 어느 편이 더 잘되어 있는가? 일곱째, 상과 벌은 어느 편이 더 공정하고 분명하게 시행되는가?*

* 손무, 앞의 책 1편 66쪽.

인용문의 어디서도 싸우는 방법이 명시되지 않는다. 점검과 평가만이 있다. 이러한 점검은 작전 계획을 세우거나 플랜을 짜는 것이 아니라 적군과 아군 사이의 세를 헤아려보는 방식이다. 즉 각 항목의 평가를 통해 상호 간의 역학 관계와 변수의 가능성을 살핌으로써 세의 향방을 잡아내어 활용하기 위함이다. 클라우제비츠가 강조했듯이, "살아 움직이고 반응하는" 전쟁의 흐름은 항상 상대적이며 두 진영 간의 관계에 따른 상황의 영향을 받기 때문이다.

그렇기 때문에 전쟁에서 모델화의 효율성은 문제시될 수 있다. 미리 세워놓은 구상에 고착될 경우 상황의 변화에 대처하고 그 흐름을 타는 데 방해가 될 수 있다. 반대로 끊임없이 상황의 잠재력에 의거할 경우 이 잠재력의 방향과 흐름을 따름으로써 계속적으로 변수를 관리할 수 있다. "형세란 유리한 조건을 잡아서 상황 변화에 따라 주도권을 손에 넣음을 말한다. …… 이것이 전쟁에서 승리를 움켜쥐는 길이다. 그러나 (전쟁 상황은 때에 따라 끊임없이 변화하므로 임기응변이 요구되니) 전투가 벌어지기 전에 미리 세운 계획에 얽매여서는 안 된다."* 형세 개념은 서구적 전략 개념에 난점을 일으켰던 '상황'을 오히려 전략의 축으로써 적극적으로 활용하는 것이다. 중국 전략가들은 변

***

*   손무, 앞의 책 1편 67쪽.

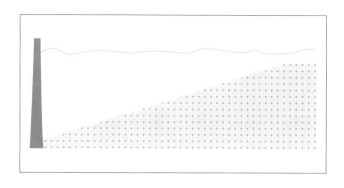

포텐셜 이론

'형세'는 고전물리학의 포텐셜 이론Potential Theory과 비교될 수 있다. 경사진 높은 곳에 물을 모으고, 내려가는 물을 차단하는 막이를 설치했을 때 모인 물의 질량과 물 밑의 경사도를 근거로, 막이를 열었을 때 발생하는 힘을 계산할 수 있을 것이다. 《손자병법》의 형세가 이와 같다. 차이가 있다면 이러한 이미지를 통해 서양은 물리학 이론을, 중국은 전략 이론을 만들어냈다는 것이다. 위대한 전략가의 능력은 경사를 찾아내는 것이다. 그의 군대는 땅의 경사만을 따라가는 물처럼 애쓰지 않고도 모든 것을 쓸고 갈 것이다.

수를 세에 통합시킬 뿐 아니라, 변수의 힘 덕분에 이익에 맞게 세를 변형시킴으로써 점진적으로 우위를 차지하는 것을 최고의 전략으로 간주한다. 바둑에서 직접 공격하지 않고 상대의 반응을 고려하면서 원거리에서 서서히 집을 지어가는 과정과 같다.

이러한 점에서 중국적 효율성은 서양의 효율성과 극명하게 대비된다. 클라우제비츠에 따르면 '상황'은 모델화에 마찰을 일으킴으로써 전쟁의 흐름을 이탈시키는 것이었다. 그리고 이러한 마찰이야말로 전쟁의 개념 자체다. 반대로 손무는 전쟁에서 승리는 이탈되지 않는다고 선언한다. 세가 드러나면 누가 승자가 되고 패자가 될지 미리 결정이 난다. "적을 알고 나를 알면 백전백승이다"라는 말은 바로 이러한 의미다. 실제로 손무는 위의 일곱 요소를 나열하고서 곧바로 이 점을 명시한다. "나는 위의 일곱 가지를 기준으로 서로 견주어보면, 어느 편이 이기고 질 것인지 미리 알 수 있다." 승리와 패배는 작전의 과정 속에서 쇄신되는 바로 그 상황 잠재력(형세)의 귀결이기 때문이다. 매 순간 일어나는 일은 함축된 힘의 관계에서 생겨난 필연적인 귀결이다. 형세를 모든 각도에서 그리고 그 흐름에서 동시에 파악하는 이에게 전쟁은 매 단계마다 항상 그 형세의 산물이다. 따라서 마찰도 운도 천재성도 필요 없다.

클라우제비츠에 따르면 전쟁에는 모델화가 불가능한 어떤 것이 있으며, 바로 이러한 점 때문에 전쟁은 카드게임과 같이 우리를 매혹시킨다면, 중국적 전략 개념에서 전투는 "상류에서en amont" 결정되는 절차의 귀결이기 때문에 승패는 전투 전에 이미 결정된다.* 《손자병법》의 다음과 같은 구절은 고대 중국 전략가들의 생각이 얼마나 높은 수준이었으며, 그들이 얼마나 노련하게 전쟁을 수행했는지를 극명하게 보여준다.

옛날에 전쟁을 잘한다고 일컬어졌던 자들은 모두 이길 수 있는 조건을 다 갖추어놓고 적과 싸워 쉽게 승리하였다. 따라서 전쟁을 잘하는 인물이 거둔 승리에는 그의 지략이 뛰어나다는 명성이나 용맹스러운 공적이 돋보이지 않았다. 상황이 겉으로 드러나서 어긋나기 전에 미리 조치를 취함으로써 확실한 승리를 거둘 수 있었던 것이며, 이는 곧 싸우기 전에 반드시 이길 조건을 갖추어놓고, 이미 패배할 상황에 처해 있는 적을 상대로 싸

---

*   중국 사상의 특징을 표현하기 위해 프랑수아 줄리앙은 "상류에서"라는 표현을 자주 사용한다.(François Jullien, 〈Un usage philosophique de la Chine중국의 철학적 사용〉, 《La philosophie inquiétée par la pensée chinoise중국 사유에 의해 불안해진 철학》 p.1266 참조.)

워 이긴 것이다.

그러므로 전쟁을 잘하는 자는 언제나 패배하지 않는 '불패'의 자리에 서서, 적이 패배할 기회를 놓치지 않는다. 승리하는 군대는 먼저 승리할 수 있는 태세를 갖추어놓고 적과 싸우며, 패배하는 군대는 먼저 싸움을 걸어놓고 승리를 추구한다.[*]

승리를 위해 특정한 전략이 요청되기도 하지만 그것은 직접적인 전투가 아니다. 그것은 적이 견고할 경우는 균열을 일으키고 적이 결합되어 있으면 분열을 일으키는 등 항상 적의 움직임에 연동하는 상황 전략이다.

적이 쉬고 있으면 적을 피로하게 만들고, 적의 식량이 넉넉하면 적을 굶주림에 빠지도록 만들며, 적이 안정되어 있으면 도발해서 동요시켜야 한다.[**]

이러한 전략은 직접적 공격이라기보다는 상황, 즉 객관적 조건을 유리하게 만드는 방식이다.

그렇기 때문에 전략은 쉬움을 추구한다. 이 점에서

[*] 손무, 앞의 책 4편 97쪽.
[**] 손무, 앞의 책 6편 113쪽.

도 동양적 사유는 어려움을 칭송하는 서구적 사유와 극명하게 대비된다. 훌륭한 장수의 전략은 병사들이 승리의 이유를 모를 정도로 눈에 띄지 않는다. 따라서 그는 칭찬받지도 않으며 승전식과 같은 이벤트도 없다. "적의 형세에 적절히 다른 조치를 취하여 백성들 앞에서 이겼더라도, 대부분의 백성들은 그 승리의 요인이 무엇인지 알지 못한다. 백성들은 아군이 승리하는 형세이기 때문에 승리한 것이라고만 알 뿐, 그와 같이 승리하도록 제어하는 형세가 무엇인지는 모른다."* 그러나 이러한 점이야말로 가장 큰 공적이다. 효율적인 전략은 승리를 쉽게 만들고, 사람들이 칭찬할 생각도 하지 않을 정도로, 점진적인 방식으로 개입함으로써 승리의 방향으로 상황이 진화하도록 이끌어가는 데 있다.

중국적 전략은 은미할 때 효용이 있다. 즉 중국적 효율성은 눈에 띄지 않을 때 극대화된다. 이와 달리 서구적 전략은 목적을 관념적으로 규정하고 목적에 이르는 수단을 배치함으로써 직접적 효율성을 추구한다. 이렇게 목적/수단의 도식에서는 특정한 '시간'에 행동이 시작되고 역시 특정한 시간에 행동이 종결될 수밖에 없다.** 작전이

---

*   손무, 앞의 책 6편 121쪽.

**   TE, pp.79 ~ 82.

시작되고 끝나는 기간이 전쟁 시간으로 간주되므로 전투에 소요된 시간을 합한 것이 전쟁 시간이다. 이러한 관점에서는 정확한 위계가 형성되는데, 전쟁은 정치라는 목적을 위한 수단이 된다. 반면 중국의 전략은 변형의 점진적인 시간을 가치 있게 본다. 비록 전쟁의 결말을 짓기 위한 짧은 전투의 효율성은 중요시되지만, 전투가 없는 기간도 상황의 잠재력이 점차적으로 축적되어 가는 기간이기 때문에, 전쟁은 전체적이며 전쟁과 정치의 경계는 불분명하다. 경제적 소모, 정치 상황, 심리 상태 등이 모두 전쟁의 요소로 여겨진다.

> 비록 공격의 순간은 지극히 짧지만 이러한 상황의 잠재력은 멀리서부터 온 것이다. 변형의 관점에서 기회는 전개 과정의 귀착점일 뿐이며 오랜 지속에 의해 준비된 것이다.*

《손자병법》의 이러한 전략은 조정래 선생이 《정글만리》에서 끊임없이 강조한 중국인들의 '만만디漫漫的'와 '콰이콰이快快'를 떠올리게 한다. '만만디'는 말 그대로 느리고 또 느리게 대처하는 것이고 '콰이콰이'는 재빠르게 행동

---

*   TE, p.83.

60

하는 것이다. 만만디는 나에게 직접적으로 이익이 되지 않는 사안일 때는 최대한 느리게 대응함으로써 상대방을 지치게 만들고 결국 그가 속내를 드러내도록 하는 전략이다. 특히 상대방이 움직일 때까지 움직이지 않는 전략은 실로 무서운 것이다. 먼저 움직이는 자는 평정을 잃은 것이고 따라서 항상 틈을 보이기 마련이기 때문이다. 그래서 중국인들과의 협상에서 유리한 고지를 차지하려면 그들보다 더 '만만디'해야 한다는 것이다. 기다림의 싸움에서 누가 더 인내하느냐가 관건인 것이다. 그러나 이익이 눈앞에 있을 때는 누구보다도 재빠르게, 즉 '콰이콰이'하게 대처해야 한다. 《손자병법》에서 적의 균형을 서서히 무너뜨리고 마지막에 짧은 전투를 신속히 끝내는 것이 바로 이러한 전략이다.

서구적 전략이 목적/수단의 도식을 통해 적의 직접적 파괴를 추구한다면 중국적 전략은 조건/귀결의 도식을 통해 상황의 변형과 적의 탈구조화를 추구한다. 클라우제비츠에 따르면 적의 힘을 파괴하는 것은 언제나 최상이자 가장 효율적인 수단이며, 이 수단 외에 다른 수단은 없어도 된다. 반면 중국적 전략에서 파괴는 진정한 이익의 추구가 아니다. 동양에서 상식적으로 받아들여지고 있는 "싸우지 않고 이기는 것이 최선"이라는 의미를 제대로 새겨야 한다. 손무는 다음과 같이 말한다.

전쟁의 법칙에 따르면, 적국을 온전히 두고서 굴복시키는 것이 최상책이며, 전쟁을 일으켜 적국을 깨부수고 굴복시키는 것은 차선책이다. 적의 전군을 온전히 두고서 항복시키는 것이 최상책이며, 전투를 벌여서 전군을 깨부수고 항복시키는 것은 차선책이다. …… 그러므로 싸울 때마다 이기는 것은 최선의 방법이 아니며, 싸우지 않고도 적을 완전히 굴복시키는 전술이 가장 좋은 방법이다.*

손무가 도덕적으로 선한 사람이라서 적군을 파괴하지 않는 것이 좋다고 말한 것이 아니다. 또한 아무런 역설도 말장난도 없다. 오로지 효율성을 위한 방안일 뿐이다. 적을 온전히 둠으로써 동시에 아군도 온전하게 되기 때문이다. 그렇기 때문에 서양에서 그토록 중요한 전쟁 방식인 공성전攻城戰은 손무에게는 최악의 방식이다. 실제로 공성전은 매우 어려운 전쟁이다. 성을 넘어 들어가서 공격하기가 얼마나 어려운 일인가! 게다가 성 안에 사는 사람들은 그곳이 삶의 터전이기 때문에 목숨을 다해 방어하기 마련이다. 그래서 일반적으로 성이 함락되고 나면 공격하던 측은 그동안의 고생을 보상받기 위해서라도 성을 지키던 사

* 손무, 앞의 책 3편 84~85쪽.

람들을 몰살하곤 한다. 손무에게 이러한 싸움은 손해를 동반하기 때문에 결코 바람직하지 않다. 적을 온전히 두고 내 편으로 만드는 것이 진정한 승리다.

결국 서구적 전략은 직접적 효율성의 추구를 통해 가시적 결과를 얻어내려 한다면, 중국적 전략은 간접적이고 은밀하며 우회적인 변형의 절차를 통해 자연스럽게 결과가 산출되도록 유도한다. 나아가 이러한 중국적 전략의 신중성은 전략에서 대인 관계와 외교술의 중요성이 강조되는 점이기도 하다. 실제로 손자는 전쟁에서 최상책은 계략[謀]이고 차선책은 외교[交]라고 강조한다. 전쟁이 가변적인 타자와 대면하는 상대적인 활동이듯이, 대인관계나 외교술 역시 타인의 반응에 따른 상황에 연동할 때 효율적일 수 있다.

외교술

외교는 군주와의 관계, 타국과의 협상, 대인 관계 등을 모두 포괄한다. 중국적 효율성의 관점에서 대인 관계와 외교술도 역시 상황성이 핵심이다. 전쟁 전략에서 상대방의 반응에 연동하는 것이 효율적이었던 것처럼, 여기서도 상대의 성향에 맞는 방법을 택하는 것이 관건이다. 많은 유명한 전략가들을 배출했다고 알려진 귀곡자는 다음과 같이 말한다.*

대개 어진 사람은 재물을 가볍게 여기므로 이익으로 유혹할 수는 없지만 오히려 일을 할 비용을 쓰게 할 수는 있다. 용감한 자는 어려움을 두려워하지 않으므로 우환으로 겁을 줄 수는 없지만 위험한 곳을 지키게 할 수는 있다. 또 지혜로운 자는 술수와 이치에 밝으니 속일 수는 없지만 도리를 내세워 공을 세우게 할 수는 있다. 그러나 어리석은 이는 쉽게 속일 수 있고, 모자라고 유약한 이들은 쉽게 겁줄 수 있고, 탐욕스런 자들은 쉽게 유혹할 수 있다. 각각의 방법은 일에 따라 선택하면 된다.**

모든 일은 사람이 한다. 그러나 인간에게 가장 효과적인 수단은 다른 인간이고, 가장 무거운 짐이 되는 것도

---

* 《귀곡자鬼谷子》는 무서운 책이다. (나와 대립하던) 상대방을 그도 모르는 사이에 나의 생각에 동의하도록 만드는 방법, 즉 타인을 조종manipulation하는 방법이 나와 있다. 귀곡자가 정확히 누구인지는 알 수 없으나 '합종연횡'으로 유명한 소진蘇秦과 장의張儀의 선생으로 알려져 있다. 소진은 전국시대의 강자였던 진나라와 대결하기 위해 6국이 종적縱的으로 연합해야 한다는 '합종'을 주장했다. 반면 장의는 6국이 각각 진나라와 횡적으로 동맹을 맺어야 한다는 '연횡'을 강조했다.

** 박찬철·공원국, 《귀곡자》, 위즈덤하우스, 2008, 9장 245쪽.

다른 인간이다. 모든 인간이 내 뜻대로 된다면 아무 고민도 필요 없을 것이다. 그러나 각 인간의 성향이 다른 것은 자연스러운 일이다. 그러면 내가 다른 사람들을 바꿀 수 있을까? 이것이 지식은 있되 지혜는 없는 이들이 쉽게 꿈꾸는 일이다. 물론 공자 같은 성인은 다른 사람들을 서서히 교화시킨다. 그러나 그것은 매우 오랜 시간과 인내를 요하는 일이다. 그리고 자발적인 교화를 위해서는 스스로 도덕적으로 행동하고 일상적으로 모범이 되어야 한다. 그렇게 서서히 타인들이 나의 영향을 받게 되는 것이다. 아마도 이러한 것이 가장 이상적인 일일 것이다. 타인들이 부담을 갖지 않은 채 나를 따를 테니 말이다. 하지만 모두가 공자나 맹자 같을 수는 없다. 그렇다고 타인들을 내 뜻대로 억지로 변화시키려고 할 경우 나는 부담스럽고 짐스러운 사람이 되거나, 내 속을 드러내 보이는 가벼운 사람이 되기 쉽다. 기본적으로 사람들은 자신의 기존 성향에 안주하며 타인의 말을 온순하게 따르기 싫어하는 경향이 강하다. 학생들도 선생의 말을 잘 안 듣는데, 비슷비슷한 수준의 사람들끼리 상대를 존중하며 기꺼이 따르기를 바라겠는가? 여기에 귀곡자의 지혜가 의미를 갖는 것이다.

귀곡자가 요청하는 것은 상대방을 충분히 파악한 후에 그에게 적응하라는 것이다. 위 인용문의 어진 사람이란 부를 추구하는 것을 부끄러워하는 사람이다. 돈을 탐내는 자들을 비판하는 사람이다. 그런 사람은 이익으로 유혹해서는 성공을 못 거두므로 오히려 돈을 쓰도록 유도한다. 이런 사람은 돈이 중요하지 않다고 스스로 말해왔으므로 돈을 아깝다고 여기지 말아야 하기 때문이다. 용감하고 대범한 인물은 겁을 줄 수 없으므로 그의 공명심을 자극하여 위험을 무릅쓰게 한다. 여기서 중요한 것은 결코 상대방을 그의 성향에서 이탈시키거나, 주저하고 저항하도록 만들어서는 안 된다는 것이다. 내가 바라는 것을 그가 바라면서 행하도록 유도할 때 나는 그에 대한 영향력을 높일 수 있다. 이러한 방식이 바로 조종이다. 특히 중요한 것은 극도의 유연성이다. 현명한 자는 매번 적절한 것을 실행하기 위해 공처럼 돌 수 있는 인물이다.

어떠한 구상에도 고정되지 않고, 어떠한 계획에도 함몰되지 않기 때문에 그의 전략은 근저가 없다. 타인들에게는 탐색이 불가능하며 스스로는 무진장하다.[*]

외교술에 관한 이러한 성찰은 중국 전략의 중심인 형세 개념에 부합한다. 타인에 대한 나의 지배력은 주체의 인위적 개입이나 운에 의거한 것이 아니라, 이미 진행 중

[*]   TE, p.38.

인 상황을 활용하는 것이기 때문이다. "세를 세워서 일을 장악立勢而制事"해야 한다.* 전쟁에서 형세의 파악이 본질적 작업이었듯이, 외교술에서는 상대방의 견해에서 자신의 견해와 같은 부분과 다른 부분을 구분해내야 한다. 같은 부분이 '안'이라면 다른 부분은 '밖'이다. 이러한 형세로부터 자신에게 이익이 되는 조건의 흐름에 은밀히 올라탐으로써 상대방이 감지하지 못하는 가운데 영향력을 행사할 수 있게 된다. 귀곡자의 비유를 들자면, 형세가 드러나기 전에는 "둥글고", 형세가 드러났을 때에는 "각지게" 관리해야 한다.** 여기서 "둥글다"는 것은 유동성을 의미한다. 어떤 입장에 고착화되지 않고 여러 가능성에 개방적 태도를 가지라는 것이다. "각지다"는 것은 일단 한 규칙이나 방향이 정해졌을 때에는 단호한 결정을 유지하라는 것이다. '만만디'와 '콰이콰이' 전략을 다시 상기시키는 부분이다.

《귀곡자》에 '내건內健'이라는 말이 있다. 내건은 전략가와 결정권자가 한 몸이 되는 것을 말한다. 유비가 제갈공명을 얻고 나서 "공명을 얻은 것은 물고기가 물을 만난 것과 같다"고 했다. 모든 일은 사람이 하므로 반드시 사람

---

* 박찬철·공원국, 앞의 책 7장 185쪽.

** 未見形, 圓以道之, 旣形, 方以事之. 《귀곡자鬼谷子》 2장.

에 대한 연구가 선행되어야 한다. 서로에 대한 깊은 연구와 일체감이 없이 이익만을 얻으려 각자 움직인다면 그 집단은 지리멸렬하게 되어 있다. 반대로 최우수 전략가들과 결정권자가 일치할 경우 그야말로 천하를 도모할 수 있다. 모든 일은 결국 사람이 한다는 것을 잊으면 안 된다. 중요한 공동 프로젝트를 진행하다 보면 배우는 것도 많지만 갈등도 대단하다. 공동 프로젝트는 여러 방면의 전문가들이 함께하는 것이 일반적이므로 서로의 스타일, 지식 수준 그리고 서로에 대한 기대치도 다르다. 그러나 가장 중요한 것은 서로의 일체감이다. 실제로 타인의 '안'과 '밖'을 고찰함으로써 그의 성향을 파악하는 것은 그와 함께 일을 성사시키기 위함이다. 그리고 그가 어설프게 어진 자도 아니고 무모한 사람도 아니고 유약하거나 탐욕스러운 자도 아니라면, 오히려 정말 '고수'라면 어떻게 해야 하나? 이 경우는 그와 합쳐야 한다. 마음이 통하는 사람들이 일체감을 형성하지 않으면 절대 큰일은 성사되지 않는다. 하루 일을 마치고 집에 와서 멤버들에 대한 심한 비난이 있는 조직이라면 일이 성사되지 않기 마련이며 성사되더라도 반드시 균열이 불거지게 되어 있다. 사람의 성향을 파악하고 일을 성사시키는 것은 전쟁의 형세를 파악하고 승리를 거두는 것과 같은 차원이다.

도덕

상황의 흐름에 의거하는 전쟁 전략, 그리고 인간의 성향을 간파하는 외교 전략의 논리는 역설적으로 유가儒家의 도덕에서 가장 깊은 의미로 드러난다. 물론 맹자는 인仁을 따르는 도덕을 이익[利]을 추구하는 행위와 견주지 말라고 일갈했다. 그래서 전쟁에 이기는 방법을 제시하는 병법가들을 경멸했다. 그러나 그의 논의 구조를 보면 전략의 구조와 공통점이 있다. 나아가 그는 도덕을 가장 효율적인 것으로 보았다. 상황을 읽고 상류로 거슬러 올라가 흐름을 형성해가는 것이 중국적 효율성의 핵심이라면, 맹자는 "절차의 전개 과정"에 있어서 "가장 뒤로, 혹은 가장 상류로" 거슬러 올라가기 때문이다. 이 책의 서문에서 언급한 바 있는 대담집 《바깥(중국)으로부터 사유하기》에서 중국적 전략 개념은 유가의 도덕성과 연결된다.

전략가들은 말한다. 적을 파괴하는 것은 무용하니, 적을 온전하게 두어라. 그러나 너의 쪽으로 그가 기울도록 하라. 혹은 좀 더 정확히 하자면, 거칠게 적과 맞대면하기보다는 부드럽게, 심지어 그가 자각하지 못한 채 방향을 바꾸도록 만들어라. 이 점에서 가장 앞서 결정짓는 것, 즉 가장 효율적인 것은 가장 은밀한 것이기 때문이다. 이 논리를 끝까지 밀어붙여 보자. 맹자는 이렇게 답

할 것이다. "가장 미묘한 방향 변화, 결과적으로 그 영향이 가장 폭넓게 전개될 방향 변화는 바로 도덕성에 의한 변화이다."[*]

"어진 사람은 적이 없다仁者無敵"라는 맹자의 말은 도덕의 효율성을 보여준다. 어진 마음과 행동은 모두가 환영하는 태도다. 그렇기 때문에 도덕성은 관습이 되어 확산되고 모든 사람들에게 배어들면서 세계 전체에 영향력을 미친다. 모든 사람들의 선과 이익을 위해 통치하는 군주는 전쟁을 할 필요가 없다. 그는 다른 민족들에게 환영받을 뿐이기 때문에 그의 영향력은 계속 커질 것이다. 맹자가 누누이 강조하듯이, 어진 군주의 국가에는 사람들이 모이게 되어 있다. 폭압적 국가의 백성은 어진 군주의 병사들을 환영할 것이며 그의 국가로 와서 살고 싶어할 것이다. 극단적인 경우 모든 백성이 폭군만 남겨두고 어진 군주가 다스리는 이웃나라로 이주하면 폭군의 국가는 망하게 된다. 실제로 고대 중국에는 이러한 식으로 망하는 국가들이 있었다고 한다.

즉 선하고 어진 군주의 통치는 경쟁자들의 "자연적

[*]   François Jullien, 《Penser d'un dehors (la Chine)바깥(중국)으로부터 사유하기》, Paris: Seuil, 2000, 389쪽.

경향성"에 일치하는 것이기 때문에 아무 저항도 받지 않을 것이다. 따라서 도덕성은 만인의 본성에 부합하는 것이므로 그 효율성은 근원적인 것이며 전략가들의 그것보다 포괄적으로 발휘된다. 전략가들은 특정 부분에서의 '세'를 통해 효율성을 획득하지만 도덕성을 가진 군자는 세계의 운행 전체와 결합한다.

전략가가 한 국가의 이익[利]을 추구한다면, 현자는 세계 전체[天下]의 이익을 추구한다. 이러한 현자의 덕성은 공자에게서 완벽하게 구현된다. 공자의 효율성 역시 직접적이기보다는 줄리앙이 《운행과 창조》에서 언급한 "자발적 감화"를 유도하는 간접적 영향력이다. 이러한 점은 논쟁을 통해 타인의 견해를 비판하고 직접적으로 설득하는 서양의 방식이 아니다. "항상 설득을 염두에 두는 변론과는 달리, 말없이 이행되는 현자의 가르침은 하늘이 그러하듯 자발적 감화를 가능하게 한다."* 다음의 대화는 유가 도덕의 간접성을 단적으로 보여준다.

공자 나는 말을 하지 않으려 한다.
자공 선생님께서 말씀을 안 하시면 저희들은 무엇을

---

* 프랑수아 줄리앙, 《운행과 창조》, 유병태 옮김, 케이시, 2003, 48쪽.

기술하겠습니까?

공자   하늘이 무슨 말을 하던가, 네 계절이 돌아가고 만
　　　물이 생장하는데 하늘이 무슨 말을 하던가?*

공자는 무엇을 하라고 명령하거나 규범을 제시하기
보다는 스스로 실천하는 모습을 보인다. 제자들이 스스로
실행할 때까지 기다려줄 뿐이다. 지극히 도덕적인 행동을
몸소 실천하고 일상적으로 모범을 보임으로써 다른 사람
들을 점진적이고 자연스럽게 교화시킨다. 타인들은 부담
을 갖지 않은 채 서서히 그를 따르게 되며 자연스럽게 그
의 영향력 아래 놓이게 된다.

감지할 수 없을 만큼 지극히 미묘하고 점진적인 효율성
을 지닌 영향력이 타인에게 간접적이면서도 끝없는 자
극으로 작용하니, 타인은 내처 스스로 자신의 행동거지
를 고쳐 나아가는 것이다.**

공자의 도덕적 가르침은 중국적 세계관에 그 뿌리를
두고 있다. 중국에서 세계 또는 자연은 서양의 신과 같은

---

*　　《논어論語》, 17편 19장.

**　　프랑수아 줄리앙, 앞의 책 129쪽.

《주역周易》의 '팔괘八卦'

주역은 동아시아 문명의 원형이다. 주역의 괘卦와 효爻는 만물의 점진적인
변화를 상징한다. 음과 양의 끊임없는 교대로 이루어지는 자연의 운행은
천지만물의 원리이자 도덕의 근거로서 작용한다.

단일한 원리에 의해 창조된 것이 아니다. 자연은 음양의 조화를 구현한다. 음과 양은 대립과 상보, 상관성, 상호작용, 교대 등을 나타낸다. 중국 사상을 한마디로 요약한다면 "실재는 운행이다"라는 명제로 표현할 수 있겠다.

하늘[天]과 땅[地]은 낮과 밤, 온기와 냉기의 교대며 사물들의 조정 원리다. 천지는 실재가 유래하는 원리이면서 실재를 발전시키고 상승시키는 원리다. 천지는 세계의 흐름이고 과정이다. 천지는 말없이 행할 뿐이다. 천지는 한결같으며 이탈하지 않는다.

하늘이 이탈하지 않는다는 점에서 도덕적 차원이 부각되며 이는 중국 사상의 본질적인 실마리다. 즉 실재를 쇄신하는 원리가 또한 선의 원천이다. 천덕天德은 인성人性의 원천이며 이러한 점이 성선설의 근원이다. 이 점에서도 중국 사상은 서양 사상과 갈라진다. 중국은 자연만 생각했기 때문에 자연에 대한 개념이 따로 없었다. 중국에서 자연은 '객관화' 또는 '대상화'되지 않는다. 그리스에서는 소크라테스가 자연의 문제에서 도덕과 인성의 문제로 방향을 전환하면서 분리가 시작된다. 아리스토텔레스도 인위적 측면(기술)과 자연을 분리한다. 기독교도 자연과 초자연을 구분한다. 칸트도 도덕의 세계와 자연세계를 구분한다. 데카르트도 역시 정신과 자연을 분리시킨다. 간신히 스피노자 정도가 인간과 자연의 합일을 추구했을 뿐이다.

자연의 운행을 기초로 공자가 자아의 고착성을 거부하고 완전한 개방성을 강조한 구절을 살펴보자.

공자께서는 네 가지를 단절하셨으니, 사사로운 의견이 없으셨으며, 반드시 해야 된다는 것이 없으셨으며, 고집함이 없으셨으며, 내가 아니면 안 된다는 것이 없으셨다.*

첫째, '사사로운 의견', 즉 '의意'가 없다는 것은 특권적 관념idea이 없다는 뜻이다. 의견이 없다는 것은 아무 의견이나 '관념'이 없다는 것은 아니다. 이는 특정한 의견에 특권을 부여하지 않으며 다른 어떤 것을 배제하지도 않는다는 뜻이다. 공자 같은 현자는 세계에 대해 미리 구상된 시각(모델)을 가지고 접근하지 않는다. 그는 자신의 개별적인 관점이나 선입견을 통해 세계를 협소하게 보지 않기 때문에 항상 모든 가능성을 열어 놓는다.

둘째, '반드시 해야 되는 것[必]'이 없다는 것은 미리 규정된 필연성necessity이 없다는 뜻이다. 그래서 현자는 '해야 한다/꼭 필요하다'는 의무를 자신에게 부과하지 않는다. 자신의 태도를 미리 규정하는 의무도 없다. 현자는

* 《논어》 9편, 4장.

규칙이나 준칙을 따르지 않는다. 따라서 현자는 "반드시 해야 된다는 것", 즉 필연성이 없다.

셋째, '고집함[固]'이 없다는 것은 어떤 고정된 입장 position이 없다는 뜻이다. 현자는 자신의 태도를 미리 코드화하지 않기 때문에 그의 태도는 선입관이나 편견에 고정되지 않는다. 현자는 특수한 개념에 함몰되지 않기 때문에 "고집함", 즉 고정된 입장이 없다. 현자는 어떤 결정적인 관점에 매달려 있지 않으므로 끊임없이 상황과 사건의 흐름과 연동하여 나아간다.

넷째, 결국 현자는 "내가 아니면 안 되는 것[我]"이 없다. 즉 개별적 자아self가 없다. 현자는 그의 성격을 규정짓는 자아가 실제로 없는 것이다.

현자는 특권적 관념이 없고 지켜야 할 의무를 미리 부과하지도 않으며, 고정된 입장에 자신을 고착화시키지도 않고, 결과적으로 그의 인격을 개별화할 수 있는 것이 없다. 그렇기 때문에 현자의 인격personality은 완전히 개방적이며 운행 전체의 흐름과 일치한다. 현자는 운행의 전체적 의미와 결합하며, 이러한 점이 인격의 풍부함이다.

③

국제 정세

서양의 효율성은 모델화로 특징지어진다. 모델화는 지성에 의해 구상을 하고 의지와 행동을 통해 구상을 현실에 옮기는 전략 구도다. 즉 관념적 형상이 목적과 계획으로서 제시되고 그것을 구현할 행동이 뒤따른다. 반면 중국적 전략은 상황성에 기초한다. 상황이란 항상 내가 이미 개입되어 있는 상태를 말한다. 그렇기 때문에 전략의 핵심은 상황의 흐름, 즉 '세勢'를 잘 타는 데에 있다. 서양적 전략은 행동 전에 구상된 플랜을 난관이 있더라도 밀어붙이는 적극성, 그리고 모델화의 붕괴 시에 요구되는 천재적 임기응변과 영웅주의를 표방한다. 반면 중국적 전략은 상황의 파악 후에 세가 유리한 쪽으로 기울지 않을 경우 행동을 포기할 정도로 기회주의적이고 수동적이며, 객관적 형세의 조건에 따라 귀결이 필연적으로 산출되므로 사태의 행로가 이탈되지 않는다는 관점이다. 여기서 기회주의나 수동성이 도덕적인 결함을 뜻하는 것은 아니다. 그것들을 도덕적 결함으로 보는 것이 이미 서구적 모델화에 따른 편견이라 하겠다.

효율성 개념과 관련된 두 문화의 특징과 차이를 통해 우리는 서양과 중국을 두 축으로 하여 구성된 현대 정세를 전망해볼 수 있다. 프랑수아 줄리앙은 효율성과 관련한 주요 저작들에서는 지정학(국제정치학)에 관하여 논하지 않지만 《효율성에 관한 강연》 말미에서 대단히 의미 있는 점을 시사한다. 이 강연이 중국 진출과 관련이 있는 경영자들을 대상으로 한 것이어서 보다 현실적인 사안을 언급한 것일 수도 있으나, 줄리앙은 효율성 개념에 대한 철학적 분석을 토대로 국제 정세를 분명하게 전망한다. 실제로 이 강연을 짧게 소개하는 글에서 줄리앙은 효율성에 관한 논의로부터 20세기의 역사와 미래의 지정학에 대한 독법의 결과를 제시한다고 밝힌다.* 특히 이 강연의 끝부분은 중국적 효율성 개념의 난점을 지적하기 때문에 그 의미를 정확히 파악할 필요가 있다.

효율성에 관한 줄리앙의 주요 텍스트들은 분명히 중국적 효율성 개념의 장점을 강조하며 심지어 서구적 효율성에 대한 우위를 곳곳에서 밝힌다. 그러나 그는 전략의 차원에서 중국적 효율성의 우위를 명시하지만 정치적인 차원에서 중국적 효율성의 "중대한 한계", 심지어 그 "맹점"을 강조한다.** 중국적 효율성의 맹점이 무엇인지 살펴보기 위해서는 정치적 영역에서 모델화의 긍정적 역할을 고찰해야 한다. 서구에서 정체政體나 선거 정책과 관련해

* 《La philosophie inquiétée par la pensée chinoise중국 사유에 의해 불안해진 철학》, Paris: Seuil, 2009 참조.

** CE, pp.68 ~ 69.

서 모델화는 일반적이다. 이는 서구적 정치 제도를 받아들인 현대 국가들에서도 마찬가지다. 그러나 정치 영역에서의 모델화는 독특한 기능이 있다. 예를 들어 정당들이 선거 정책을 내놓는 목적은 그것을 100% 실현하기 위해서가 아니다. 상황이라는 변수가 등장할 것이 분명하기 때문에 사람들은 모든 정책이 문자 그대로 실행되지 않으리라는 것을 알고 있다. 그러면 모델화의 기능은 무엇인가? 그것은 "적용을 위해서가 아니라 협의를 위해서 …… 혹은 민주주의를 하기 위해서다." "선거 정책을 구상하는 것은 그것의 적용을 위해서라기보다는 그것에 대해 토론하고 입장을 취하며 반대할 수 있기 위해서다. 간단히 말해 정책은 논쟁을 조직하는 데 사용되는 것이다."[*] 우리나라에서도 선거 공약의 준수 여부 때문에 논란이 끊이지 않는다. 공약의 100% 준수를 요구하는가 하면 공약은 단지 선거를 이기기 위한 술수에 지나지 않는다고 말하기도 한다. 정작 공약의 핵심적 특징인 공론화 기능이 간과되고 있다.

중국에 부재한 것이 바로 공론화다. 《손자병법》에 따르면 위대한 장수는 적군뿐 아니라 아군까지도 양떼를 다루듯이 조종한다. 형세의 파악과 그 변형에서 전략가는 비

[*]   CE, p.69.

밀을 유지해야 한다. 결국 "공적인 논의와 자발적 참여의 모든 가능성"[*]은 차단된다. 이러한 관점에서 줄리앙은 비록 마찰이 생긴다 하더라도 이상적 형태가 목적으로서 제시될 때 비로소 협의나 타협이 가능하다고 생각한다. 즉 모델화와 민주주의는 본질적으로 연결되어 있으며, 중국은 오늘날까지도 민주주의가 작동하지 않고 있다.

실제 민주주의 제도에서 '야당野黨'은 'opposition party'의 번역어다. 달리 말하면 대립적인 상대방의 존재가 공식화되어 있는 것이 민주주의인 것이다. 민주주의가 온전히 정착되지 않은 국가들에서는 아직도 대립을 싸움으로 간주하는 경향이 강한데, 민주주의의 제도적 본질을 깊이 생각해볼 일이다.

그렇다면 중국은 모델화를 피해 갈 수 있는가? 20세기, 그리고 21세기에 들어서 중국이 세계의 핵심 국가로 부상하고 있는 것은 의심의 여지가 없는 사실이다. 주지하듯이 2차 대전 이후로 냉전 체제가 진행되다가, 90년대 초부터 시작된 소비에트연방의 해체와 함께 미국이 유일한 초강대국의 자리를 거머쥐었다. 미국은 막강한 군사력과 경제력으로 세계의 중심이자 경찰의 임무를 맡아왔다. 미국은 세계의 주요 사건들을 계획하고 자본주의 국가들의

---

[*]   CE, p.69.

전폭적인 지원과 함께 세계를 주도해왔다. 반면 중국은 문화혁명을 정점으로 하는 마오쩌둥의 전체주의를 겪으며 70년대까지 가난을 면치 못하다가, 마오의 비판 대상이었던 덩샤오핑이 그의 사후에 집권하면서 개혁 개방이 시작되고 급속도의 성장을 이룩해낸다. 초인적인 인내력과 절제력으로 90세 이후까지 권력을 유지한 덩샤오핑은 중국에서 가장 성공한 정치인으로 꼽힌다. 덩샤오핑의 중국이 결국 경제 2위의 대국으로 올라선 것은 역시 상황의 잠재력, 즉 '세'를 잘 읽어냈기 때문이다. 중국인들의 노고와 고유한 능력을 무시해도 된다는 것이 아니다. 그러나 서방과 비교할 수 없이 값싼 노동력으로 저가의 상품을 생산하여 서방에 공급할 수 있었던 상황, 그래서 세계의 공장으로 자리 잡을 수 있었던 상황을 간과할 수는 없다. 또한 천안문 사태에서 드러나는 것처럼, 결코 정치적 자유를 허용하지 않음으로써, 국가 주도로 경제 부흥을 일으킬 수 있었던 상황을 잊으면 안 된다.

　　달리 말하면 미국이 주도하는 세계의 형세에서 중국이 상대적으로 쉬운 성장을 이루어왔다는 것을 인정하지 않을 수는 없다. "2등일 때 1등에게 실려 가는 것은 쉬운 일이다."* 그러나 스스로 주도해야 할 때, 즉 "햇불을 들

*　　CE, p.69.

수밖에 없을 때" 사정은 확연히 달라진다. 나아가 국제적 교역은 "사상의 교역"*이기도 하다. 언젠가 중국은 경제적 이익에 걸맞은 수준의 이념, 즉 '모델'을 세계에 제시해야 할 상황에 놓이게 될 것이다.

줄리앙의 지정학적 분석은 매우 짧게 이루어지고 있으나, 깊은 철학적 통찰의 근거로부터 도출된 것이기 때문에 추후로 정치철학적으로 확장되어 논의될 가치가 있다고 판단된다. "횃불"을 들어야 할 순간이 온다면 중국은 어떤 전략으로 세계를 주도해야 할까? 먼저 움직여야 하는 입장에서 과거처럼 수동성의 전략인 '상황'과 '세'의 효율성을 주요 전략으로 채택할 수 있을까? 아마도 지도자의 위상에 걸맞은 인권, 민주주의, 완전 개방 등이 요청될 것이다. 중국은 이익의 추구에 그치지 않고 "의미의 문제들"**을 피해 갈 수는 없을 것이다. 여기서 의미의 문제가 이념의 문제, 모델의 문제를 뜻함은 물론이다. 중국은 이익이 아닌 이념을 추구할 수 있는가?

《중국은 제국을 꿈꾸는가》라는 책에서는 중국이 매우 중국적인 방식으로 이익을 추구할 수 있다고 전망한다. 예를 들면 중국이 자국의 경제 발전으로 부상했을 때, 주

---

*   CE, p.70.

**   CE, p.70.

변 국가들이 이를 위협으로 인식하지 않을 뿐 아니라 오히려 이익이라고 생각하도록 하는 것이다.* 그러나 이러한 방식은 아직도 이익[利]의 관점에서만 상황을 바라보는 것이다. 세계의 리더가 되기 위해서, '왕도'를 펼치기 위해서는 이념을 제시할 필요가 있다. 실제로 경제적 교역은 동시에 사상의 교역이기도 하기 때문이다. 중국은 그러한 이념을 가지고 있는가? 현재로서는 많은 중국 이론가들이 이념의 부재를 토로한다.**

이 점과 관련하여 줄리앙은 이념 또는 의미의 문제가 합당한 답을 요구할 경우 중국은 심각한 수준의 혼란에 직면할 수 있다고 전망한다. "의미의 문제들은 중국을 분명 뒤흔들 것이며 어쩌면 중국의 배를 갈라놓을 것eventrer이다."*** 나는 충격적인 표현이 담긴 이 구절을 읽으며 매우 놀랐었다. '배를 갈라놓는다'는 것을 '파열된다'는 뜻으로 본다면 이는 중국이 스스로 모순에 휩싸여 분열될 수 있다

* 신봉수, 《중국은 제국을 꿈꾸는가》, 프로네시스, 웅진, 2011 참조.

** 이와 관련하여 문정인의 《중국의 내일을 묻다》(삼성경제연구소, 2010)는 시사하는 바가 크다. 이 저작은 주로 중국의 주요 실무 이론가들과 나눈 인터뷰를 정리한 것인데, 이들 대다수는 아직 중국이 왕도王道의 능력이 없다는 사실, 즉 세계에 제시할 '이념'이 없다는 점을 직·간접적으로 토로하고 있다.

*** CE, p.70.

는 의미일 것이다. 나아가 줄리앙은 유럽의 중요성과 역할을 강조하며 강연을 마무리한다. 만일 유럽이 국경이나 허무는 등의 진부한 통합에 만족하지 않고, 긴 역사를 통해 익숙해진 분리, 불화, 부정, 그리고 갈등을 관리하는 새로운 길을 찾는다면, 아마도 동양이 아닌 유럽에서 '지혜'를 되찾을 수 있다는 것이다.

서양 사상과 중국 사상 전반에 달통한 줄리앙의 예리한 진단은 중국적 전통을 공유하고 있는 동양의 이론가들이 깊이 새겨들어야 할 가치가 있다. 그러나 중국의 미래에 대한 그의 진단을 폐쇄적인 관점에서 받아들일 필요는 없을 것 같다. 오히려 그의 견해는 향후 인문학의 행로에 관한 큰 화두를 던져준다. 현재 중국이 세계에 제시할 이념이 없다는 사실은 역설적으로 동양적 관점뿐 아니라 세계적인 차원에서 인문학이 대대적으로 쇄신되어야 한다는 의미를 함축한다. 서구의 자유주의와 팽창주의가 본격화된 19세기 중반 이래로 동서양의 본격적인 접촉은 어느새 2세기의 역사를 맞이하고 있다. 그 기간 동안 동양에서 서양의 학습은 그 어떤 문명권에서보다 진지하고 치열하게, 그리고 복합적으로 이루어졌다. 모든 외래 문명은 굴절과 재해석을 거치며 다른 문명권에 이식되기 마련이다. 중국이 한나라 때 불교를 수용하기 시작하여 불교에 대한 중국 방식의 집대성에 이르기까지 600여 년이 필요했다.

그리고 거대한 불교적 존재론에 맞서 12세기의 신유학을 창출해내는 데는 더 많은 시간이 필요했다. 이제는 어쩌면 불교 이상으로 강력하게 세계를 뒤흔든 서구 문명을 어떻게 소화해낼 것인가가 관건이다. 나는 전 세계에 세워지고 있는 수백 개의 '공자학당', '공자평화상', 그리고 문화 사업을 위해 중국 정부가 지출하는 막대한 예산 등은 새로운 이념을 만들어가는 과정이라고 생각한다. 그 이념의 형태가 어떤 것이 될지 아직 누구도 쉽게 단정할 수 없을 것이다. 다만 동양이나 서양 한쪽의 형태가 답이 될 수는 없을 것이라고 나는 전망한다.

사실 서구의 영향을 부분적으로 설명하기가 힘들 정도로 동양은 서양의 관념뿐 아니라 그 실재를 절절하게 겪어 왔다. 유럽이 겪은 종교와 철학의 분열과 갈등 이상으로 동양은 문명사적 불화를 체험했다. 냉전의 역사는 이러한 아픔을 적나라하게 보여준다. 무거운 문제의식을 담은 한 저작 《또 하나의 냉전》은 '냉전Cold War'이라는 말이 냉전 기간 동안 평화를 누린 서양에게나 적용되는 표현이며, 따라서 냉전에는 '안과 밖'이 있다고 갈파한다. 우리에게 냉전은 열전熱戰이었고, 아직도 그 여파는 이 땅 곳곳에 스며 있기 때문이다. 냉전의 기원을 19세기의 제국주의 시대로 보는 관점도 있는데, 이 경우 동서 문명의 접촉, 제국주의, 일제강점기, 한국전쟁과 그 이후의 흐름은 거대한 문명사적 불화를 표현한 세계사가 된다. 따라서 세계에 제시할 이념의 부재는 모델화의 수용 방식과 동양의 전통 사상에 대한 종합적 성찰의 과제가 주어졌다는 사실로 받아들여져야 한다. 서구는 동양 사상의 부재하에서 보편성의 이름으로 철학을 구축함으로써, 보편성의 결여를 의식하지 못한 채 지엽적인 사상의 역사에 그치는 자기모순을 겪은 적이 많았다. 우리의 인문학자들도 서양 사상사의 틀에 갇혀 동양과 우리를 평가하는 경우가 많다. 이제는 양 문명에 대한 진지한 성찰이 결여된 어떤 사상도 보편성의 권리를 요구할 수 없다. 분명한 것은 향후 인문학의 행로는 동서양의 대화를 향한 모색이어야 하며 그러한 모색은 세계사적 관심사와 수요로 이어져야 한다는 점이다.

동양과 서양의 만남

중국과 유럽의 선교 활동

현대 중국을 배경으로, 개혁 개방 이후의 중국 분위기를 생생하게 전해주는 조정래의 《정글만리》는 특히 서양의 관점이 아닌 중국의 관점에서 중국을 바라본다는 점이 인상 깊었다. 이 소설에 관한 저자 인터뷰를 들었는데 미국과 중국을 두 축으로 하는 현대 세계에서의 중국의 중요성이 강조되었다. 중국이 우리보다 네 배는 잘산다는 말이 떠오른다. 설명인즉 현재 우리나라의 국민소득인 2만 불 이상을 버는 중국 인구가 2억 명이 넘는다는 것이다. 그래서 5,000만 인구의 우리보다 네 배이므로 최소한 네 배는 잘산다는 설명이다.

마오쩌둥 사후 덩샤오핑이 등장하면서 중국은 엄청난 변화를 이루어냈다. 덩샤오핑은 1970년대 후반부터 개혁 개방을 주도했고 중국 국민은 현재와 같은 엄청난 발전의 기초를 닦아 놓았다. 정말 중국은 미국을 제치고 세계 1위 국가가 될 것인가? 많은 전문가들이 그렇게 예측하고 있다. 실제로 중국 정부는 2040년경 1위 등극을 계획하고 있다고 한다. 개혁 개방 이후 '선부론先富論 30년'을 무사히 끝내고 이제 공부론共富論의 실천에 들어갔다. 선부론은 우선 중국의 특정 지역을 잘살게 해놓고 다른 지역은 나중에 발전시키자는 덩샤오핑의 이론이다. 이제는 다 같이 잘살자는 '공부론 30년' 계획이 진행 중이다. 공부론이 마감될 때가

2040년 정도가 될 것이고 이때 중국은 1등으로 등극한다는 계획이다.

　중국의 개혁 개방은 국제 정세 전체를 뒤바꿀 정도의 세계적인 사건이 되었다. 그런데 개혁 개방이 뜻하는 것은 무엇인가? 동양에게 개혁이나 개방은 본질적으로 서구화의 수용과 관계된다. 우리는 1960년대부터 본격적으로 근대화 운동을 전개했으며 이때 근대화라는 것은 서구화를 의미한다. 중국이 개혁 개방을 한다는 것은 자급자족을 하면서 서구 사회에 문을 닫았던 빗장을 열겠다는 것이었다. 그러나 중국이 서양에 문을 연 것은 덩샤오핑 때가 처음이 아니다. 중국의 개항은 1800년대 초에 서구 제국주의의 압력하에 대대적으로 이루어졌지만, 중국과 서양의 만남을 추적하려면 거의 500여 년을 거슬러 올라가야 한다. 물론 이미 13세기에 마르코 폴로가 중국을 다녀간 역사가 있다. 그러나 마르코 폴로는 육지를 통해 동양에 왔으며 그 이후로 수백 년간 교류가 단절되었다.

　동서양의 진정한 문화 교류가 시작된 것은 16세기부터다. 동양과 서양의 만남을 이야기하려면 마르코 폴로와 같은 이탈리아인인 마테오 리치를 언급하지 않을 수 없다.

　주지하다시피 마테오 리치는 가톨릭 신부다. 마테오 리치가 태어난 시기인 16세기의 서양은 가톨릭 교회에 저항하는 종교개혁 운동이 한창이었다. 지금의 우리에게는 기독교가 구교(가톨릭)와 신교(개신교)로 분리된 것이 자연스럽지만, 당시로서는 유럽 전체를 뒤흔드는 거대한 사건이었다. 조선 시대 유교 사회의 내부에서 기존 이념 체제 전체에 반대하는 개혁 운동이 있었다고 상상해보면 그 의미의 중대성은 쉽게 이해가 갈 것이다. 그러나 가톨릭은 이미 1500여 년간 서구 사회를 지배해온 이념이자 권력이었다. 가톨릭이 종교개혁을 순순히 받아들일 리가 없었다. 종교개혁에 반대하는 반反종교개혁 운동이 가톨릭 측에서 전개된 것은 당연한 일이었다. 반종교개혁 운동의 일환으로 설립된 것이 예수회고, 마테오 리치가 바로 이 예수회 소속 신부였다.*

예수회는 유럽 내에서 반종교개혁 운동을 하는 데 만족하지 않고 해외 선교를 통해 가톨릭 교세를 확장하려고 했다. 이때가 대항해시대와 겹친다는 점에 주목해야 한다. 해외 선교를 하고 싶어도 안전하고 효율적인 교통 수단이 받쳐줘야 가능한 일이다. 대항해시대는 먼 거리를 항해할 수 있는 선박 기술의 발전과 함께 유럽인들이 15세기 초부터 세계 곳곳으로 진출했던 시기를 말한다.

---

* 마테오 리치의 일생을 통해 동서 문화를 비교한 탁월한 책으로는 히라카와 스케히로의 《마테오 리치》(노영희 옮김, 동아시아, 2002)가 있다. 900쪽이 넘는 이 저작은 1500년대 후반부터 본격화된 동서 문명의 접촉 과정을 세밀하게 추적하고 있다.

타 문명을 보는 서구의 시선

유럽인들이 아메리카에 도착했을 때 어떤 느낌이었을까? 그들은 '벌거벗은' 원주민들을 보고서 서구 문명에 대한 자부심을 재확인했다. 실제로 유럽인들은 아메리카의 선교와 지배에 성공한다. 당시 로마의 교황청에서는 이 원주민들을 인간으로 간주해야 하는지 고민했다. 그래서 그들이 과연 기독교로의 개종 대상인지 한참을 고민하다가 결국 인간으로 인정하고 선교를 허락했다. 이러한 점은 서구인들이 타문명을 바라보는 시선이 어떠했는지를 상징적으로 보여준다. 1900년대에 와서 레비 스트로스 등의 인류학자들에 의해 이 원주민들이 서양 못지않게 복잡한 문화와 제도를 보유하고 있다는 것을 엄격하게 밝혀냈지만, 대항해시대에 이러한 생각은 꿈도 꾸지 못할 일이었다. 1700년대를 배경으로 한 영화인 〈미션〉을 보면 서양인들이 원주민들을 어떻게 대했는지 극명하게 드러난다.

우리가 잘 알고 있듯이, 당시 유럽의 강자였던 스페인과 포르투갈이 남미를 정복했기 때문에 현재까지도 포르투갈어를 쓰는 브라질을 제외한 모든 남미 국가에서는 스페인어를 사용하고 있다. 브라질이 포르투갈령이 된 것은 스페인과 포르투갈이 충돌을 피하기 위해 '토르데시야스 조약Treaty of Tordesillas'을 맺고 서로의 해양 세력 범위를 나누면서 경계가 정해진 것이었다. 1500년대의 스페인

영화 〈미션〉 중에서

원주민은 인간인가 아닌가

영화 〈미션〉에서 로버트 드 니로는 원주민을 사냥하는 인간사냥꾼 로드리고 멘도자를 연기했다. 레비 스트로스는 《슬픈 열대》에서 이렇게 밝히고 있다. "백인들은 원주민들이 동물이기를 바랐지만, 원주민들은 백인들이 신은 아닐 것이라고 의심하는 데 만족했다."

이 남미 정복에 집중할 때 포르투갈은 인도를 침략하고 마카오에까지 왔다. 그래서 아직도 마카오에서는 중국어와 포르투갈어가 혼용되고 있다.

예수회 선교사들이 해양 루트를 통해 중국에 도착했을 때 아메리카와 같은 상황이었을까? 중국은 아메리카와 달랐다. 우선 외국인의 입국을 금지했던 중국에 발을 디딜 수도 없었기 때문에, 당시에 포르투갈령이었던 마카오에 머물거나 심지어 몇 달 동안을 배에서 생활해야 했다. 마카오는 중국 선교를 위한 유럽 선교사들의 거점이었다. 당시만 해도 유럽에서 중국으로 오려면 근 3년이 걸리기도 했다. 남아프리카 희망봉을 넘어 인도양을 거쳐 우선 인도에 기지를 두고 마카오를 오가며 서양과 중국 간의 소식을 전했던 것이다.

마침내 중국 정부의 허락으로 본토에 입국했을 때 선교사들이 발견한 중국은 "텅 빈" 아메리카와 정반대의 모습이었다. 휘황찬란한 항구, 수많은 사람들, 즐비한 상점, 완비되어 있는 치안 등은 아메리카라는 신세계와 다른 또 하나의 "꽉 찬" '신세계'였다. 특히 그들이 배를 통해 대도시에 접근하며 마주한 풍광은 마르코 폴로가 육지로 왕래할 때 바라보던 풍광과는 전혀 다른 차원의 느낌을 제공했을 것이다. 지금으로 치면 미국의 고층빌딩숲이 지방 고속도로에서 도심으로 접근하는 이들에게 보여주는 압도감

같은 것을 생각해보면 되겠다.

유럽 선교사들은 중국에 선교를 하기는커녕 오히려 앞선 중국 문화를 배우러 왔다고 말해야 했다. 실제로 마테오 리치와 그의 동료들은 광둥성의 자오칭肇慶에 수년간 머물면서 중국어를 배웠고 중국 고전도 열심히 공부했다. 우여곡절 끝에 마테오 리치는 명나라 황제 만력제(萬曆帝; 재위 1573~1620)가 자명종을 보고 싶어한 것을 계기로 1601년에 연경燕京, 즉 지금의 베이징에 들어오게 된다. '스스로 소리를 내는 종'이라는 의미의 자명종自鳴鐘은 선교사들이 중국 관리들에게 선물 또는 뇌물로 제공하던 것으로 당시 중국에서 매우 인기가 많았다고 한다. 그래서 만력제의 귀에도 그 소식이 들어갔고 리치는 결국 중국의 수도에 들어가게 된 것이다.

이렇게 유럽 선교사들의 중국 활동은 본격화되었다. 이들의 활동은 세대를 거듭하여 리치 이후로도 거의 200여 년 동안 계속된다. 이 사이에 유럽 선교사들의 활동이 조선에까지 영향을 미쳤다는 점도 언급하지 않을 수 없다. 이승훈이 북경 북당北堂에서 1784년 세례를 받고 조선 최초의 영세자가 되었다. 그래서 일반적으로 이때가 한국에 천주교가 처음 수용된 시기로 인식되고 있다. 그리고 1801년의 신유박해 때 이승훈, 그리고 다산 정약용 선생의 형인 정약종 등이 순교한 역사가 있다. 조선에 입국해 활동하던 프랑스 선교사들의 죽음이 빌미가 된 1866년 병인양요를 계기로 하여 수많은 사람이 처형당했다. 그 이후로 얼마 후 일제의 침략이 시작되고 일제강점기가 되어간 것은 우리 모두가 아는 사실이다. 조선에 관한 이야기는 잠시 후로 미루고 중국으로 돌아가 보자.

마테오 리치가 중국에서 사망한 후 명나라는 중국 마지막 왕조인 청나라로 교체된다. 유럽 선교사들의 선교 활동 역시 계속되었다. 그러나 우리는 중국 청나라의 제4대 황제 강희제(康熙帝; 재위 1661~1722) 때부터 시작된 갈등을 눈여겨볼 필요가 있다. 소위 '전례典禮논쟁'이 바로 이때 불거지기 시작한다. 현대의 거의 모든 나라들이야 서로 얼마든지 소통을 하고 언어를 배울 수 있지만 400~500년 전에 도대체 유럽 선교사들은 중국인들에게 어떤 방식으로 기독교를 설명했을까?

마테오 리치는 이런 문제를 해소하기 위해 6년간 중국어 공부에 몰두했다. 그래서 한시漢詩를 지을 수 있을 정도의 실력을 키웠고, 지금은 소실되었으나 사서四書를 번역하기도 했다. 여러 설이 있으나 '천주天主'라는 말도 리치로부터 비롯된 것이다. 리치의 보고서에 따르면 그리스도교로 개종한 중국 청년이 자기 방의 벽에 '天主'라고 굵게 써놓고 앉아 있었다고 한다. 그래서 리치와 그의 동료들은 신을 뜻하는 라틴어 'Deus'='天主'라는 등식에 의문을 품

P. Matthæus Riccius Macerat. è Soc. Jesu
prim. Christianæ Fidei in Regno Sinarum
propagator.

Lij Paulus Magnus Sinarum Colaus
Legis Christianæ propagator.

마테오리치

마테오 리치와 함께 서 있는 사람은 서광계(徐光啓)다. 서광계는 명나라 말기
의 정치가이자 학자로, 마테오 리치로부터 세례를 받았다. 마테오 리치와
서광계는 유클리드 기하학을 《기하원본》이라는 이름으로 번역했다.

지 않았다고 한다. 현재는 당연히 통용되고 있는 이 번역이 과연 그토록 단순하게 양쪽 문명에 받아들여질 수 있었을까?

16~17세기의 유럽은 복잡하기 그지없었던 시대다. 기나긴 중세 가톨릭 시대에서 벗어나 보려는 용틀임이 사방에서 일어나기 시작했다. 종교개혁과 과학혁명이 대표적인 움직임이다. 루터, 갈릴레이, 코페르니쿠스, 베이컨, 홉스, 데카르트와 같은 대사상가들이 등장할 때다. 천동설이 위협받고 지동설이 제기되었고 현재와 같은 합리적인 과학 정신이 정초될 무렵이었다. 그러나 민족심리학자 귀스타브 르 봉Gustave Le Bon이 적절히 강조했듯이 한 민족의 지배적 정서 또는 이데올로기가 변형을 겪으려면 오랜 갈등과 적응 기간을 필요로 한다. 나아가 그러한 변형은 심리적 차원을 넘어서 제도의 지원을 받을 때 비로소 안정성을 갖추게 된다. 달리 말하면 가톨릭의 세勢가 그리 쉽게 무너지지 않았다는 이야기다. 갈릴레이가 '지구가 돈다'는 말에도 그렇게 눈치를 보고 긴장해야 했다는 것은 가톨릭의 보수적인 분위기를 방증한다. 중요한 철학자 조르다노 브루노Giordano Bruno가 그의 반종교적 주장으로 화형당한 사실은 유명하다. 브루노는 우주가 무한하고 중심이 없으며 지구와 같은 수많은 별이 존재한다고 주장했다. 이러한 주장은 신만이 무한하며 신이 선택해준 '우리'가 살고

있는 이 지구가 중심이라는 기독교인들의 믿음과 대립된다. 물론 브루노가 바로 이러한 철학적 주장 때문에 화형을 당한 것은 아니다. 그는 더 나아가 창조가 신의 작품이라는 것을 부정하고 우리의 영혼이 죽고 나서 다시 태어난다고 주장했기 때문에, 빼도 박도 못하는 이단으로 지목되었던 것이다. 기독교에 따르면 인간은 일회성 존재고 그렇기 때문에 현세에서 하느님을 믿고 제대로 살아야 천국에서 하느님을 영접할 수 있기 때문이다.

16~17세기를 대표하는 데카르트, 스피노자, 라이프니츠 등의 대철학자들도 항상 기독교에 관해 자신의 정확한 의견을 내놓아야 했다. 데카르트는 그의 과학적 정신에도 불구하고 신에 대해서는 불가지론적 입장을 보였으며 최종적으로는 모든 것을 가톨릭 교회에 맡긴다고 했다. 유대인이었던 스피노자는 유대 공동체에서 파문까지 당했고, "신은 곧 자연Deus sive Natura"이라는 주장을 담은 그의 저작들은 기독교적 환경에서 출판될 수조차 없었다. 스피노자는 그의 주저 《에티카》의 출간을 보류할 수밖에 없었다. 이미 같은 민족인 유대인들에게 살해당할 뻔한 경험도 있었기 때문에 위험을 무릅쓸 필요가 없었다. 스피노자의 한 편지에서 우리는 당시의 분위기를 엿볼 수 있다.

저는 우리 시대의 신학자들이 불쾌해하고 그들의 습관대

로 증오를 퍼부으며 나를 공격할까 봐 걱정이 됩니다. 아시다시피 저는 논란을 몹시도 싫어합니다. 《에티카》의 출간 문제에 관해 당신의 조언을 생각해보겠습니다. 그리고 내 저작에서 목사들 및 다른 저술가들의 기분을 상하게 할 수 있는 테제가 무엇인지 알려드리겠습니다. 저는 그들이 신에게 귀속시키는 신의 여러 속성들을 피조물들로서 간주하며, 그들이 편견 때문에 피조물들로 간주하는 다른 것들을 신의 속성들로 간주합니다. 저는 그들이 신의 속성들을 제대로 이해하고 있지 못하다는 점을 제시하려고 합니다.

데카르트, 스피노자보다 후배인 라이프니츠는 철저하게 기독교를 옹호하는 철학자였기 때문에 오히려 자유로웠다. 그의 주요 저작인 《변신론(辯神論)Essais de Théodicée》은 말 그대로 신의 정의正義를 철학적으로 옹호함으로써 신을 변호하는 내용이다.

라이프니츠는 전례논쟁에 개입했던 철학자다. 기독교와 유교가 대립하지 않음을 증명하기 위해 1716년에 〈중국인의 자연신학론〉*이라는 중요한 글을 남겼다. 1716년

---

* 라이프니츠, 《라이프니츠가 만난 중국》, 이동희 옮김, 이학사, 2003에 수록.

은 그가 사망한 해다. 서양의 대표적 철학자 중 한 명이 중국에 진출한 유럽 선교사들의 모든 논의를 종합하여 자신의 견해를 내놓았다는 것은 동서 문명의 관계에서 의미심장한 일이다. 그러나 그의 관용적인 견해에도 불구하고 전례논쟁은 심각해진다.

'천주'라는 단어는 Deus를 의미하기에 적합한가? 전례논쟁은 이러한 문제에서 비롯된다. '하늘'을 뜻하는 '天'은 '하느님'을 나타내는가? 심지어 우리말에서도 '하느님', '하나님', '신', '조물주', '창조주', '창조자' 등 많은 단어가 Deus에 대한 번역어 후보다. 사실 이 문제는 유학에서도 쉽지가 않다. 어떤 유학자가 '하늘'의 의미를 한마디로 정확히 설명하겠는가? 하늘은 물질인가 정신인가? 우리는 도식적으로 음양陰陽의 원리를 말하면서, '음은 땅이고 양은 하늘' 정도로 쉽게 이해하는데 이는 그리 간단한 문제가 아니다. 원칙적으로 중국에서는 이 세계와 분리되는 초월적인 존재가 있어서 그 존재가 신비한 힘과 뜻으로 이 세계를 최선으로 만들었다는 생각은 매우 낯선 것이다. 그래서 단일한 하나의 원리를 말하기가 힘들다. 나아가 우리 세계의 최종 귀결점 혹은 종말까지 말하는 기독교와 중국 사상의 양립 가능성 여부를 판단하는 것은 간단한 일이 아니다. 나 또한 판단을 내릴 능력이 없다. 단지 여러 책을 읽으면서 더듬거릴 뿐이다.

이 책에서 주로 의거한 프랑수아 줄리앙 교수는 중국 사상과 서양 사상의 양립 가능성을 논하기 전에 우선 양자에게 완전히 없는 것을 찾아내는 작업을 수십 년째 진행 중이다. 그래서 서로가 서로를 바깥에서 볼 수 있을 때 서로의 편견이 드러나고 그때야 비로소 대화가 가능해진다는 것이다. 이 같은 복잡한 사상적 관계 때문에 마테오 리치 같은 성실하고 합리적인 사람이 이미 500여 년 전에 중국 사상을 깊이 연구했던 것이고, 우선 중국 문화를 파악함으로써 중국어에서 '하느님'에 해당하는 의미를 잡아내려고 한 것이다.

그러나 전례논쟁은 리치 사후에 매우 복잡하게 진행된다. 우선 로마교회 측에서는 절대적으로 완전하고 무한하고 유일하고 능동적이고 광대하고 불변하며 영원하고 순수한 영적 존재를 '하늘'이라고 간단히 명명할 수가 없다. 게다가 '하늘'이 물질적인 의미를 내포한다고 할 경우, 그런 주장을 하는 자는 제2의 조르다노 브루노가 될 수 있다. Deus의 번역어로 '천주'뿐 아니라, 리理, 기氣, 상제上帝, 태극太極, 혼魂 등의 다른 단어들도 후보군에 올랐다. 그러나 모두 정확히 Deus에 상응할 수는 없었다. 유럽의 철학자들과 신학자들이 대거 가담하면서 이 논쟁은 끝없이 이어졌다. 결국 아무 답도 얻지 못한 채 1770년대에 가서야 정치적 사건으로 비화되면서 마무리된다.

전례논쟁이 정치적 사건으로 확산된 상황을 말하기에 앞서 언급할 것이 있다. 즉 언어적 논쟁보다 더 심각한 것은 '의례'에 관한 것이었다. 기독교가 유입되기 전 동양에서는 모두가 돌아가신 부모님과 조상에게 제사를 지냈다. 지금도 많은 인구가 제사를 지내고 있으나, 서구 문화가 유입되고 나서 제사를 우상숭배로 보고 거부하는 기독교인도 상당수다. 장례식에서도 마찬가지 상황이 연출된다. 일반적으로 향에 불을 붙여 꽂고 나서 절을 두 번 하는 것이 예의다. 그러나 보수적인 기독교인들은 그것도 우상숭배로 간주하고 꽃을 올리고 예의를 갖추는 의례로 대신한다. 현대에는 이러한 차이가 갈등으로 불거지는 경우는 드물지만 과거에는 그렇지 않았다. 잠깐 언급했던 신유박해의 발단도 천주교로 개종한 몇몇 사람이 신주를 불태우고 땅에 묻은 사건에 대해 유학자들이 상소를 올리면서 시작된 것이다. 신주神主란 돌아가신 조상의 위패, 즉 시신을 매장하고 난 후에 만드는 것으로서 그 안에 혼이 깃들어 있다고 생각되었다.

이러한 제사 행위는 우상숭배인가? 중국에서는 공자에 대한 제사도 지낸다. 기독교 관습에 익숙한 서양인들이 보기에 제사는 조상이나 공자를 신성한 존재로 간주하는 행위로 간주될 수 있었을 것이다. 공자는 신성한 존재인가? 기독교로 개종된 중국인들은 곧바로 제사를 중지해야 했는가? 이러한 문제가 전례논쟁의 또 다른 내용이다. 기독교에 따르면 신성한 존재는 하느님이라는 유일자뿐이므로 공자나 조상의 혼이 신성한 것으로 간주되면 안 되는 것이었다.

여기서 우리는 전례논쟁을 단지 기독교 신학과 유교가 대립한 사건으로 봐서는 안 된다. 전례논쟁 이후에 천주교는 중국에서 탄압을 받았는데 그 근거가 천주교 교리와 유학 이념의 대립인지의 여부는 결정하기 어려운 문제다. 물론 중국에서나 조선에서나 천주교 교리를 임금도 부모도 무시하는 "무군무부無君無父"의 사학邪學으로 간주했다. 원칙적으로 유교만이 정학正學이었기 때문이다. 그러나 이러한 정사正邪 논쟁이 정치적 탄압의 실질적 원인이라고 단정할 수는 없다. 중국에서의 전례논쟁이 강희제와로마교황 간의 정치적 갈등으로 불거졌을 때 비로소 박해가 가해졌듯이 종교 박해의 직접적 원인은 정치적 차원도 고려할 때 포괄적으로 이해될 수 있을 것이다. 마찬가지로 조선 후기의 천주교 박해도 노론 벽파의 남인南人에 대한공격으로서 이해될 수 있다. 즉 학문적 차원에서 관용될 수 있는 정사 논쟁의 "부분적 이데올로기" 갈등이 정치화되면서 "전체적 이데올로기" 갈등으로 확대되어 천주교가 체제에 대한 위협으로 인식되는 것이다. 달리 말하면 교리의 대립은 박해의 필요조건이지만 충분조건은 아니다. 조선의 경우 천주교 문제를 정치적 논쟁으로 삼지 않으려는 정조대왕의 끈질기고 현명한 노력에도 불구하고, 결국 그의 사후 곧바로 정순왕후는 천주교를 반역의 문제로 전환시켰기 때문이다.

사실 전례논쟁의 배후에는 예수회를 질시했던 다른 가톨릭 종파들의 음해라는 중요한 요인이 존재한다. 성공적으로 중국 선교 활동을 해나가던 예수회를 질시한 다른 종파들은 로마교황 측에 투서를 넣어서 예수회 선교사들이 중국에서 우상숭배를 하고 다닌다고 고발했다. 누구의 잘못인지 정확히 알기 어려운 상태에서 전례논쟁은 불거지기 시작한다. 특히 유럽에서 중국의 의례에 대한 신학자들의 글이 발표되고 로마교황들이 반응하기 시작하면서 상황은 극도로 복잡해진다. 1645년에 교황 인노첸시오 10세가 공자와 조상 숭배 의례를 정죄했고, 1656년에는 알렉산드르 7세가 다시 그것을 허용했다. 청나라에서 재위 기간이 가장 긴 강희제가 왕위에 오른 것은 1662년이다. 강희제는 천주교에 대해 관용을 베풀었던 황제다. 그의 재위 초기에는 많은 성당이 중국에 세워졌었다. 교황이 사절단을 중국에 파견하여 관계도 개선이 되었고 결국 1692년에 강희제는 천주교에 대한 관용 정책을 유지한다는 '공허公許 칙령'을 예수회에 내렸다. 그러나 예수회를 질시하는 투서들은 계속되었고 갈등은 정치적인 차원으로 확산되기 시작한다.

중국 황제들과 로마교황들 간의 갈등의 의미를 파악하려면 별도의 지면이 필요함은 물론이다. 상호 관용을 유지하던 동서 문명의 관계가 결국 대립과 갈등으로 마무리된 것은 불행한 역사임이 틀림없다. 그러나 이 200여 년간에 동양과 서양이 실현한 교류의 의미는 진지하게 되새겨야 할 것이다.

과학과 제국주의

우리가 특히 주목해야 할 것은 전례논쟁과 그로 인한 갈등 이후의 시기다. 1700년대 후반부터 서양의 힘이 강력히 부각되었고 그 이후 100년 이상 서구화가 전 세계적으로 관철되었다. 주지하듯이 산업혁명이 1700년대 중후반에 급속도로 진행되었다. 앞에서 잠깐 자명종을 언급했었다. 유럽 선교사들이 중국인들의 호감을 산 것은 기독교라기보다는 자연과학과 기술이었다. 14세기까지는 중국과 유럽이 기술의 측면에서 대등한 발전을 보였다. 심지어 중국이 인쇄기나 선박술 등 여러 부문에서 유럽에 앞서 있었지만 수학의 발전이 효과를 드러내면서부터 큰 차이가 나타났다.

수학의 이념은 그리스에서 발생하고 갈릴레이에 와

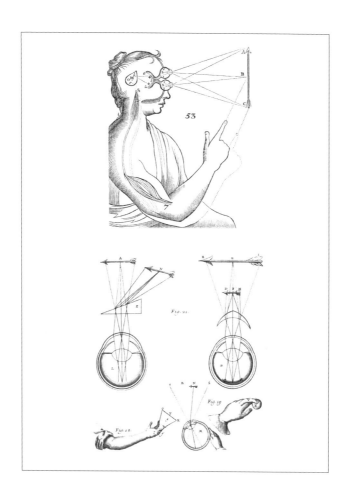

데카르트와 물리학

데카르트의 저작 《인간, 태아발생론L'homme》(1662)의 삽화이다. 이 드로잉은 데카르트가 인간의 동작을 인식하는 데 있어서도 수학과 기하학의 영향을 받았음을 보여준다.

서 결과를 낳고 데카르트와 뉴턴을 거쳐 서양 전체를 관통했다. 어떤 근거로 자연 현상을 수학적 모델을 통해 설명할 수 있는지는 오늘날까지 그 누구도 온전한 설명을 제시하지 못하고 있다. 그러나 분명한 사실은 서양인들은 수학을 자연에 적용하는 데 성공했고 이는 고전 물리학, 공학을 낳았고 세계의 모습을 바꿔놓았다는 것이다. 수학과 과학기술을 통하여 자연을 지배하고 인간에게 유용한 것을 창출해낼 수 있다는 데카르트의 선언이 결국 실현된 것이다. 데카르트는 《방법서설Discours de la méthode》 6부에서 다음과 같이 말한다.

나는 물리학의 일반 개념들을 통해 삶에 매우 유용한 지식을 가질 수 있으며, 스콜라 학파에서 가르치는 사변철학과 달리 물리학의 일반 개념의 실천을 발견할 수 있다는 것을 알게 되었다. 이러한 실천에 의해 우리는 불, 물, 공기, 행성, 천체, 그리고 우리를 둘러싼 모든 물체들의 힘과 작용을 마치 장인들의 여러 직종을 아는 것처럼 판명하게 알게 됨으로써 그 개념들을 적재적소에 모두 사용하여 자연의 지배자, 그리고 소유자가 될 수 있다.

데카르트가 정초한 물리학 혹은 수학적 물리학은 이

제 실천의 영역에 적용되고, 이를 통해 자연을 삶에 유용한 방식으로 사용할 수 있게 된 것이다. 수학은 서양 사상의 상징이며 서구적 효율성의 진정한 원형이다. 수학은 가장 엄밀한 학문이다. 그렇기 때문에 수학은 확실한 지식의 모델이다. 수학을 기초로 발전된 과학혁명을 생각해보자. 1+1은 몇일까? 2가 분명한가? 이상한 질문일 수 있겠지만 깊이 생각할 필요가 있다. 1+1=2이기 위한 정확한 조건을 찾아보자. 당연히 1이라는 것이 두 개가 있고 그것을 표현하기 위해 2라는 기호를 쓴 것이다. 어떤 물건을 "하나"라고 부르고 또 다른 물건을 "다른 하나"라고 부를 때 과연 그 두 물건이 완전히 같은 것인가? 사과 하나와 배 하나가 있다고 말할 때 "하나"가 지칭하는 내용은 다르다. 달리 말해서 1+1=2이려면 먼저 1=1이 확립되어야 한다. 그리고 숫자를 통해 실제 물체를 지칭하려면 완전히 똑같은 물체가 최소한 두 개는 있어야 한다. 그런데 완전히 똑같은 두 개의 물체가 과연 존재할 수 있는가? 라이프니츠는 궁중의 정원에서 귀부인들에게 철학을 설명하다가 완전히 똑같은 두 개의 나뭇잎을 찾아오라고 했다. 여러 귀부인들이 정원을 뛰어다니며 찾아보았으나 결국 모든 나뭇잎이 조금씩은 다르다면서 찾지 못하겠다고 인정했다.

과학혁명은 일정 한도 내에서 완전히 똑같은 두 개의 물체를 인정하는 데서 시작한다. 크기와 무게가 같은 두 물체가 완전히 동일한 조건에 있을 경우(즉 진공 상태 같이 외부의 영향이 전혀 없을 경우) 이 두 물체를 같다고 보고 숫자로 표현할 수 있다는 것이다. 그래서 일정한 크기와 무게를 가진 물체가 일정한 속도로 다른 물체에 충격을 가할 때 그 양을 수학적으로 계산한다. 우리가 말하는 과학은 이러한 관점을 기초로 이루어진 것이다. 같을 수 없는 것을 같다고 보는 과학은 틀린 것인가? 위에서 언급했듯이 이 문제는 매우 까다롭고 복잡한 철학적 문제로서 오늘날까지도 완전한 대답이 주어지지 않았다. 다만 과학혁명이 실천적으로 성공을 거두었으며 이에 따라 기술이 발전한 것은 엄연한 사실이다.

과학혁명의 성공은 실제 경제에 미친 영향과 그로 인한 서구화로 극대화되었다. 물체들의 크기와 무게, 그리고 속도를 측정할 수 있게 되면 인간은 물체를 마음대로 조작할 수 있게 된다. 즉 기계를 만들고 힘을 가하여 자동으로 움직이게 할 수 있는 것이다. 석탄이나 증기 등을 이용하여 물체를 자동으로 움직이게 하여 산업용 기계를 만들고 이를 통하여 생산량이 급증하게 된 것이 산업혁명이다. 이러한 자동화는 오늘날을 생각해보면 상식적인 일이지만 200여 년 전만 해도 기적에 가까운 일이었다. 예를 들어 수공업을 통해 하루에 100개의 나사못을 간신히 생산해냈다면, 같은 못을 이제는 거대한 자동 기계로 쇳물을 거대한 주물에 채우게 함으로써 하루에 수만 개 이상을 만들어 낼 수 있다. 옷감을 만드는 것도 마찬가지다. 산업혁명 이전에는 사람이 일일이 직물을 짜야 했지만 이제는 자동으로 좌우로 움직이는 방직 기계를 통해 직물의 생산량이 급증하게 된 것이다. 그리고 이러한 기계화 작업은 그 끝을 모르고 발전했다.

서구인의 수학적 사고가 분업과 만날 때 그 효율성은 어마어마한 것이 된다. 실제로 1776년에 출간된 애덤 스미스의 《국부론》의 예를 살펴보자.

유명한 "핀 제조업trade of the pin-maker"의 예가 등장한다. 핀을 만드는 일에 대한 교육도 제대로 받지 않고 필요한 기계의 사용법도 모르는 한 사람이 핀을 하루에 몇 개나 만들 수 있을까? 핀을 만들려면 철사를 펴고, 똑바로 다듬고, 자르고, 뾰족하게 갈고, 머리를 붙이기 위해 그 끝을 깎는 등의 여러 공정이 요구된다. 또한 핀의 머리를 만드는 데도 다른 공정이 필요하며 핀을 하얗게 빛나게 하는 작업도 있다. 마지막으로는 종이에 포장을 해야 한다. 실제로 애덤 스미스의 시대에 핀을 만들기 위한 공정을 나눠보면 열여덟 가지의 다른 작업으로 분할되어 있었다고 한다.

이 모든 작업을 한 사람이 실행할 경우 하루에 몇 개의 핀을 만들 수 있을까? 한 개를 만드는 것도 결코 쉽지 않으며 20개를 만드는 것은 분명히 불가능할 것이다. 애덤 스미스는 자신이 직접 보았다는 핀 제조소의 생산량을 설명한다. 이 제조소에는 단 열 명의 노동자만이 고용되어 있었다. 따라서 그 중 몇 사람은 두세 가지 작업을 혼자서 하고 있었다. 매우 척박한 제조소였으며 기계 설비도 제대로 갖추고 있지 못했다. 그래도 열심히 일하면 하루에 12파운드의 핀을 만들 수 있었다.

1파운드면 중형 핀이 4천 개가 넘는다. 그러므로 이 열 사람은 하루에 4만 8천 개 이상의 핀을 만들 수 있는 셈이다. 따라서 한 사람 앞에 4만 8천 개의 10분의 1, 즉 하루에 4800개의 핀을 만든다고 보아도 될 것이다. 그러나 만일 그들이 각자 독립적으로 따로따로 모든 일을 하고, 또 아무도 이런 특정한 일을 위한 교육을 받지 않았다면, 그들은 틀림없이 혼자서 하루에 20개의 핀은 커녕 한 개의 핀도 만들 수 없을 것이다. 다시 말해서 그들은 현재 여러 작업의 적당한 분할과 결합으로 수행할 수 있는 일의 240분의 1은커녕 4800분의 1도 못할 것이라는 점은 분명하다.

경제학의 원조인 애덤 스미스의 사상을 섣불리 평가하기는 힘들 것이다. 다만 분업에 대해 말할 수 있는 것은 서구인들의 합리적 사고방식이다. 여기서 '합리적' 사고

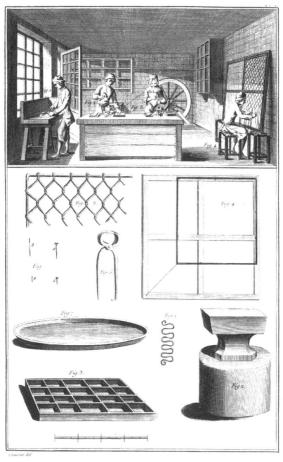

핀 제조업의 현장 모습과 도구들

분할할수록

"만일 그들이 각자 독립적으로 따로따로 모든 일을 하고, 또 아무도 이런 특정한 일을 위한 교육을 받지 않았다면, 그들은 틀림없이 혼자서 하루에 20개의 핀은커녕 한 개의 핀도 만들 수 없을 것이다."(애덤 스미스)

란 수학적이고 계산적인 사고를 말한다. 애덤 스미스가 태어난 것은 1723년이고 1763년에 《국부론》을 쓰기 시작해 1770년에 초고가 거의 완성되었다. 그 이후 1790년 스미스가 사망하기 일 년 전인 1789년까지 《국부론》의 제5판이 간행되었다. 이 당시는 동서를 막론한 인류에게 너무도 큰 영향을 미친 산업혁명 시기다. 데카르트, 뉴턴 등에 의한 수학·과학혁명과 함께 핀 제조업의 분업 과정과 그 계산법만으로도 우리는 200~300년 전의 서구인의 경제활동이 어느 정도로 계량적이었는지 짐작할 수 있다. 이미 조직화되어 있는 분업 과정에 에너지에 의한 동력이 가해진 것이 산업혁명이 아닌가? 기계를 통한 생산력의 증대가 어떠한 것인지 상상하기란 그리 어려운 일이 아닐 것이다. 그리고 1800년대에 전 유럽의 공산품을 산업혁명 종주국인 영국이 도맡아 생산했으며 앞선 과학기술, 산업, 금융 등의 힘을 앞세워 세계의 패권을 차지한 것은 놀라운 일이 아니다.

실제로 유럽의 선교활동이 실패로 끝나고 수십 년 후 중국을 강제로 개항시킨 것은 영국이었다. 1840~1842년 사이에 벌어진 아편전쟁에서 영국에게 패배한 후 청나라는 난징조약으로 인해 중국 남부의 다섯 항을 열어야 했다. 상하이가 당시 "동양의 파리"라는 별명을 얻으며 서양 열강의 각축장이 되었던 것도 이 제국주의 시대의 일이다.

제국주의 시대는 서구 열강이 서로의 전쟁을 피하기 위해 세계의 대부분을 침략한 시기다. 서구적 근대화를 적극적으로 실현하고 제국주의에 참여한 일본에 의해 조선도 침략당했다. 제국주의 시대에 서구 열강이 적용했던 전략은 수학적 모델은 아니겠지만 모종의 '모델'을 기초로 이루어진다. 현재 우리가 받아들이고 있는 자본주의의 뿌리는 영국식 자본주의고, 이것은 애덤 스미스의 국부론, 데이비드 흄의 권력 균형론 등을 거쳐 다듬어진 이론화 작업, 그리고 19세기 초부터 고도금융과 국제연맹에 의거하여 금본위제에 바탕을 둔 자유주의 전통이다. 제국주의에 대한 이해를 위하여 칼 폴라니의 웅대한 저작 《거대한 전환》으로부터 많은 것을 배울 수 있었는데, 폴라니의 여러 설명에 의거하여 간략히 제국주의 시대의 중요한 측면을 조명해 보자.

유럽의 역사에서 1815년부터 1914년까지를 '백년평화' 시기라고 한다. 1815년에는 워털루 전투가 있었다. 런던에 워털루 역이 있기 때문인지 워털루를 영국의 도시로 알고 있는 사람들이 많은데 사실은 벨기에에 있는 작은 도시다.

엘바섬에서 돌아온 나폴레옹은 군대를 몇 달 만에 재조직했고 병력도 영국과 프로이센 연합군에 비해 절반밖에 안 되었다. 연합군이 25만 명 정도인 데 비해 프랑스 군대는 12만 명 정도에 그쳤다. 그래서 프랑스 군대가 영국과 프로이센 연합군이 합류하기 전에 위쪽으로 진격하다가 만나게 된 곳이 바로 워털루다. 이 전쟁에서 프랑스는 패하고 유럽의 패권은 영국으로 넘어간다. 워털루 전투의 승리로 런던의 주식시장은 폭등했고 이때 어마어마한 부를 얻어서 금융시장의 황제가 된 로스차일드 가문의 이야기는 유명하다. 로스차일드 가문의 둘째 아들 네이선 로스차일드는 워털루 전장에 자신의 부하를 미리 파견해두고 승전 소식을 미리 알았으면서도 증권을 파는 시늉을 했다. 이미 금융시장의 거물이었던 그의 매도 손짓에 런던 투자자들은 전쟁에 패배했다고 생각하여 주식을 팔아버렸고 이어지는 투매로 런던 증권시장은 곤두박질쳤다. 당연히 네이선은 미리 풀어놓은 사람들을 통해 막대한 양의 증권을 헐값으로 사들였고 몇 주 후에 천문학적인 금액의 돈을 번 것이다. 로스차일드 이야기를 하는 이유는 이 가문이 당시 자유주의의 확립에 큰 역할을 했기 때문이다. 다섯 형제는 런던, 파리, 빈, 로마, 프랑크푸르트 다섯 도시에 은행을 소유하면서 각국의 당국자들과 긴밀히 협의하여 서로 간의 전쟁을 막았다. 이러한 거대한 금융 세력을 프랑스어로 '오트 피낭스Haute Finance' 혹은 '고도금융'이라고 부른다.

　　칼 폴라니는 저서 《거대한 전환》에서 '오트 피낭스'에

윌리엄 새들러, 〈워털루 전투The Battle of Waterloo〉(1815)

워털루 전투와 프랑스의 패배

나폴레옹 1세가 이끈 프랑스군은 프로이센 연합군과 워털루에서 맞붙어 접전 끝에 패배하고 만다. 이후 나폴레옹 1세는 세인트헬레나 섬Saint Helena Island으로 유배를 떠나게 되고, 프랑스와 유럽 국가들 간의 전쟁도 막을 내리게 된다.

관해 다음과 같이 설명한다. 먼저 19세기 국제은행에 대한 여러 관점들이 있었다. 어떤 이들은 각국 정부의 도구에 불과하다고 주장하고, 다른 이들은 이것이 각국 정부를 도구로 삼아 자신들의 이윤을 채웠다고 설명한다. 또 누군가는 강대국의 전투력을 좀먹었던 나약한 국제주의의 도구였다고 역설하기도 한다. 그러나 폴라니는 '오트 피낭스'는 19세기 후반과 20세기 초반에만 나타난 유례없는 제도로, 세계의 정치·경제적 조직 사회를 연결하는 주요한 연결고리였다고 말한다. 국제 평화 체제가 작동할 수 있도록 여러 도구들을 제공했다는 것이다.

이러한 국제 평화 체제는 강대국의 도움으로 작동하였으나 개별 강대국이 평화 체제를 확립하거나 유지할 수는 없었다. 19세기 초반 체결된 유럽협조체제가 때에 따라 작동하는 기구였다면 오트 피낭스는 유연하고 상시적으로 작동하는 것이었다. 또한 어떤 강대국의 정부나 중앙은행도 오트 피낭스의 독립성을 무너뜨리지는 못했으므로, 어떤 정부에도 종속되지 않은 채 모든 국가는 물론 그 중앙은행과도 긴밀한 관계를 유지했다. 당시는 금융과 외교 사회는 밀접하게 연결되어 있었으나 서로가 서로의 호의를 얻지 못하는 한 평화든 전쟁이든 장기적 계획을 구상하기는 어려운 상황이었다. 폴라니는 이때 전반적인 평화 기조를 성공적으로 유지할 수 있었던 이유가 분명 국제 금융의 입장과 조직, 그리고 각종 기법에 있었다고 지적한다.

오트 피낭스는 조직의 구성원이나 행동의 동기로 보나 철저한 영리 이익을 추구하는 사적 이해에 뿌리를 둔 독특한 조직이었다. 로스차일드 가문은 어느 한 정부에 종속될 이유가 없었다. 이 가문의 구성원들은 서로 다른 나라에서 영업을 하면서 이윤을 추구했을 뿐이지만, 단일한 가문으로서 국제주의라는 추상적 원칙을 몸소 체현했다. 가문 구성원들의 충성에 기반한 단일한 기업으로서의 로스차일드 가문이 제공하는 신용은 급격하게 성장하는 당시 세계 경제의 산업 활동과 정부를 비롯한 정치 영역을 이어주는 초국가적이고 유일한 연결 고리가 되었다. 당시 국제 정세를 보면, 한 나라의 정치와 국제 투자자들은 모두가 신뢰할 수 있는 독립적인 기관이 필요했고, 로스차일드 가문은 이러한 시대적 필요에 부합하는 독립성을 지녔던 것이다. 로스차일드 가문의 유대인 은행가들은 유럽 여러 국가의 수도에 자리를 잡고 있었긴 하지만, 사실상 그 나라에 대해 형이상학적 치외법권은 누렸다. 세계 경제의 절박한 필요에 완벽에 가까운 해답을 제공하는 주체였던 것이다.

그러나 로스차일드 가문이 평화주의자였던 것은 아니다. 그들은 무수한 전쟁에 자금을 조달해 재산을 축적했으며, 자신들이 조달한 돈으로 전쟁이 수행된다는 사실에 대한 도덕적인 고민은 전혀 없었다. 전쟁이 아무리 많이 벌어진다 해도 규모가 막대하거나 기간이 길지 않다면 눈 하나 깜빡이지 않았다. 그러나 주요 강대국들 사이에 전면전이 벌어진다면 그들도 큰 손해를 입을 것이므로 이를 경계했다. 이처럼 철저한 손익 분석을 비롯한 현실적인 논리에 입각하여, 로스차일드 가문은 세계 모든 민족이 혁명적 변혁의 소용돌이 속에서도 세계적인 평화를 유지할 수 있는 필요조건을 충족시키는 과업을 맡았던 것이다.

이제 영국을 중심으로 한 자유주의의 확산을 설명할 수 있겠다. 워털루 전투의 승리 후 영국은 산업혁명의 전개와 함께 늘어난 생산량을 바탕으로 국제적 무역을 확장시키고자 했다. 이때 나타나는 경제 논리가 바로 시장자유주의다. 이 시기는 영국에서 맬서스, 리카도, 밀 등의 고전 경제학자들이 활동하던 때다. 이 당시 시장자유주의가 승리하게 된 데는 중요한 사건이 하나 있는데 그것은 1846년의 곡물법Corn Law 폐지다. 곡물법은 귀족을 중심으로 한 지주들의 로비로 인해 곡물 수입을 금지하던 법이다. 곡물을 수입하면 당연히 영국 국내 곡물가가 하락하고, 이는 지주들의 손해로 이어지기 때문이다. 그러나 결국 자본가들과 자유주의자들의 세에 밀려 곡물법이 폐지되고 완전한 자유주의의 초석이 깔린 것이다.

시장자유주의자들은 시장을 국제적으로 확장시키려

했다. 그러나 이를 위해서는 여러 통화들이 자유롭게 거래될 수 있는 방법을 찾아야 한다. 시장자유주의자들의 논리에 따르면 다음의 세 가지 규칙을 준수하면 된다.*

① 모든 나라는 자국 통화 가치를 일정한 양의 금에 고정시켜 거래한다.
② 모든 나라는 국내의 화폐 공급을 자국 내에 보유하고 있는 대외 결제를 위한 금의 양에 기초를 두어야 한다. 즉 통화의 가치는 금을 통해 보증되어야 한다.
③ 모든 나라는 거주자들에게 국제적 경제 거래의 자유를 보장해야 한다.

이 제도는 당시 세계를 지배했던 영국이 고안해낸 산물이고 무역에서 불리해진 국가들에서 금을 빼오기 위한 방법이었다. 그러나 이론적으로는 다시 시장이 자동적으로 조정된다는 '자기조정 시장Self-Regulated Market' 논리다. 어떤 식으로 시장이 자기 조정된다는 것인지 살펴보자.

한 나라가 국제무역에서 적자를 본다면 외국에 대한 채무 지불을 위해 금이 빠져나간다. 화폐 공급을 대외결제를 위한 금의 양에 맞추기로 했으므로 돈을 구하기가 어려

* 칼 폴라니, 《거대한 전환》, 홍기빈 옮김, 길, 2009 참조.

워진다. 따라서 이자율은 오르고 물가 및 임금 수준이 하락한다. 결국 가격 경쟁력이 생겨서 수출이 경쟁력을 가지게 되어 그 나라의 적자는 자동적으로 청산될 것이다.

이러한 식으로 모든 나라의 국제 수지가 균형을 이루고 지구가 하나의 시장으로 통일된다는 것이다. 그러나 금본위제하에서 지구는 하나로 통일되기는커녕 오히려 국가주의가 강화되었다. 국가들 간의 불균형이 해소될 때까지 유일한 해결책은 디플레이션이고 긴축정책뿐이기 때문이었다. 결국 강대국들은 보호주의를 채택하게 되었고, 더 나아가 제국주의, 즉 식민지 팽창이 이루어졌다. 워털루 전쟁에서 나폴레옹이 패배한 1815년부터의 유럽의 백년 평화는 세력 균형 체제와 국제 금융의 막후 작업에 의해 유지되었으나, 결국 삼국 동맹(독일, 오스트리아-헝가리 제국, 이탈리아), 아프리카에서의 영국과 프랑스의 충돌, 러시아와 영국의 아시아에서의 갈등 등으로 종말을 고하게 된다. 이에 따라 영국과 독일의 정치적·군사적·경제적 경쟁은 제1차 세계대전으로 폭발하고 백년평화는 막을 내렸다.

유럽의 자유주의가 국제적으로 확산된 결과는 청나라에도 곧바로 나타난 것으로 보인다. 자유주의의 확립을 전후하여 영국은 아편전쟁의 승리를 계기로 난징 조약을 체결하고 중국을 개항시키는 데 성공했으니 말이다. 자유

땅따먹기

제국주의 시대는 서구 열강과 일본이 서로의 전쟁을 피하려고 세계의 대부분을 침략한 시기다. 세계 최강이었던 청나라도 영국에게 패배하면서 속수무책으로 무너지기 시작한다. 중국인들에게 제국주의 시대는 아직도 치욕의 시대로 기억되고 있다.

주의가 인간 본연의 성향에 부합한다기보다는 금본위제라는 인위적인 모델에 기초한다는 것이 칼 폴라니의 견해다. 경제 영역에 공산주의든 자유주의든지 간에 모든 종류의 인위적 모델을 적용하는 것을 문제시하는 학자로는 프랑스의 사회학자인 가브리엘 타르드Gabriel Tarde가 있다. 실제로 현대 프랑스 사회학자인 브뤼노 라투르Bruno Latour는 폴라니와 타르드를 연관시키고 있다. 모델을 먼저 세우고 현실에 그것을 적용하는 사상들과 그렇지 않은 사상들을 구분하여 분류하는 것은 유용한 접근법이라고 생각된다. 서양 철학을 탐구하는 데 있어서도 이러한 분류는 근대와 현대를 가르는 중요한 개념 중 하나일 것이다.

나의 관심사는 이러한 분류가 서양적 효율성과 중국적 효율성의 구분에 적용될 수 있다는 점이다. 서양에서는 수학, 과학의 모델을 통해 효율성을 추구했으며, 나아가 경제 영역에서도 금본위제 모델을 적용했다. 언뜻 보면 자유주의의 대원리인 자기조정 시장 개념은 매우 자연스러운 작동 방식인 것 같지만, 폴라니가 지적하듯이 그것은 금본위제라는 인위적인 모델을 기초로 작동한다. 이러한 자기조정 시장 개념은 현실 사회에서 그대로 적용될 수는 없다. 이미 금리 정책, 고용 정책 등 정부 정책들이 다양하게 취해지고 있기 때문이다. 그리고 실제로 폴라니의 핵심적 사상은 이러한 자기조정 시장의 획책에 맞서 '사회'는 공동

체를 조직하고 저항하면서 스스로를 보호해왔다는 것이다. 그러나 중요한 것은 이러한 자기조정 시장 개념이 하나의 '모델'로서, 즉 한 기준으로서 엄존한다는 사실이다. 현대의 신자유주의의 이념 역시 자기조정이라는 이념 아래 방임을 추구하고 있다. 정확한 모델의 구축을 효율성의 기준으로 삼는 이념은 어디에서 비롯된 것인가? 서구적 효율성인 모델화의 기원과 의미를 추적하고 중국적 효율성과의 관계를 논의한 것이 본문의 내용이었다.

나가며 철학의 가능성

나는 흔히 말하는 서양철학 전공자다. 10년 이상을 서양에서 공부했고 중요한 몇몇 서양 철학자의 사상을 전공했다. 동양 사상은 대학에서 몇몇 강의를 통하여 접했을 뿐이었고 항상 서양철학을 이해하는 것이 관건이었다. 왜 서양을 공부하고 싶었는지는 아직도 정확히 모른다. 인류학자인 르네 지라르René Girard는 우리의 욕망이 타인의 욕망을 모방한 것이라고 하는데 아마도 서양의 풍요로움이 주변의 부유한 사람들의 이미지와 겹쳐져서 나도 모르는 사이에 서양이 부러움의 대상으로 각인되었는지도 모르겠다. 굳이 기억을 돌이켜보면 서양이 앞서 있다는 생각을 가졌던 것은 확실하다. 특히 이성을 강조하는 서양철학이 마음에 들었는데, 그러한 합리성이 우리나라의 교육과 사회에 적용된다면 이바지하는 바가 있을 것이라는 나름의 '애국적인' 생각을 했던 것 같다. 그러한 생각의 저변에는 항상 '우리를 위해서'라는 목적의식이 있었다. 즉 한국인으로서의 정체성, 나아가 동양인으로서의 정체성은 누구도 침범할 수 없는 믿음 같은 것이었다. 이러한 믿음이 한 문화에 속한 사람에게 당연한 것인지 아니면 스스로 부과한 족쇄로 작용할지의 여부는 평생의 숙제가 될 것이다.

서양철학의 연구는 표피에 불과한 것이었는가? 단지 '우리를 위해서' 이용하려는 수단이었는가? 만일 서양철학을 하나의 '문화'로만 본다면 꽤나 복잡한 문제가 발생한다. 예를 들어 기독교도 문화의 산물일 뿐인가? 철학을 문화적 산물로 보지 않고 보편성을 담지한 삶의 방식으로 본다면 위안이 될 것인가? 철학을 문화적 산물로 본다면 서양철학이든 동양철학이든 보편성을 결여한 세계 한켠의 역사에 불과할지도 모른다. 이 책은 동양과 서양이 문화적 편견에 사로잡혀 있었던 것은 아닌가 하는 문제의식을 갖고 있다.

내가 동양철학에 본격적인 관심을 가진 것은 몇 해 전 '동양철학의 이해'라는 강좌를 우연히 맡게 되면서부터다. 지금 생각해도 무모한 결정이었지만, 펑크가 날 뻔한 교양 과목을 의뢰받고 수락해버린 것이다. 맡은 일은 열심히 해야 하므로 약 3~4개월간 미친 듯이 한문 공부를 했다. 동양철학이 좋아서라기보다는 우선 강의를 할 수 있기 위해서였다. 서양철학을 강의할 때도 항상 원전 읽기를 중요시해왔기 때문에 텍스트를 하나 골랐다. 일천한 한문 실력에 유학 경전은 너무 길고 많았기 때문에 5,000자의 《도덕경》을 택했다. 《도덕경》을 가지고 서예를 하며 모두 외우기로 작정했다. 불혹에 시작한 한문 공부가 잘될 리가 없었지만 나름으로는 열심히 쓰고 이해하려고 시도했다. 김충열, 이강수, 김형효, 도올 등 저명한 선생님들의 연구가 큰 도움이 되었다. 그러나 얼마 지나지 않아 동양 사상의 방대함에 압도될 수밖에 없었다. 평생이 걸릴 분야였다. 최소한 서양에서 10년 공부한 것 이상이 필요하다는 것을 감지했다.

상황적인 이유로 동양철학을 접했지만 많은 느낌이 있었다. 우선 행복했다. 아직도 정확히 심리가 규명된 것은 아니지만, "우리 것"을 하고 있다고 느꼈다. 동양철학 서적을 읽으면서 계속 내 전공을 위주로 한 서양철학과의 관계가 떠올랐지만 먼 길을 떠났다가 동네에 접어들며 느껴지는 푸근함 같은 것을 맛보았다. 그렇지만 바쁜 삶과 게으름 때문에 한문 공부는 정체되고 알던 것도 잊기 시작했다. 그러던 가운데 유학 시절 철학과에서 함께 공부했고 가끔 연락을 주고받던 친구를 통해 한 프랑스 현대 철학자의 이름을 알게 되었다. François Jullien⋯⋯. 친구에게 요즘 한문을 공부하기 시작했다고 말하자 그가 알려준 이름이었다.

프랑수아 줄리앙은 중국을 철학을 새롭게 하기 위한 도구로 생각한다. 구체적으로 중국은 서양철학을 다시 읽는 도구다. 중국이 선택된 이유는 세 가지다. 첫째, 언어적으로 볼 때 중국은 인도유럽어를 기반으로 한 서양철학과 완전히 분리되어 있다. 따라서 서구적 편견의 외부에 있다. 둘째, 역사적으로 중국은 서양의 영향 이전에 학문 체계와 제도를 확립했다. 따라서 서양과 단절된 문명의 맥락을 제공한다. 셋째, 중국은 서양처럼 책을 중요시한 문명이다. 세 가지 이유로 서양적 편견에서 벗어난 상태에서 철학을 바라볼 수 있는 것은 중국뿐이다. 인도는 언어적으로 서양과 관계가 있고, 아랍은 아리스토텔레스를 번역하고 유럽에 전해준 장본인이기 때문이다. 아프리카나 아메리카도 있으나 책을 문명의 근간으로 삼지 않기 때문에 배제된다. 물론 한국과 일본도 있으나 학문과 제도에서 중국의 영향을 받았다는 점을 인정하지 않을 수 없다. 실제로 머리말에서 언급한 저작 《바깥(중국)으로부터 사유하기》에서 줄리앙은 한국과 일본에 관해서 언급한다. 그는 일본 사상은 중국 사상의 영향권에 있기 때문에 배제하거나 보류했다고 밝힌다. "일본 사유는 중국 사유의 방향에서 전개되었으며 중국 사유는 일본 사유에 중국 문자, 불교, 유교 등을 전파했기 때문이다." 또한 그는 한국 철학을 배제했다고 명시하지는 않으나 한국을 중국 사유의 "보관소"로 간주한다. "중국에서는 사라진 많은 것들이 한국에서 보존되었기 때문"이다. 결국 서양철학의 편견을 드러내기 위한 가장 유용한 외부적 시선은 중국이다. 서양과 중국은 아무 영향도 주고받지 않은 가운데 각자의 고유한 학문 체계와 전통을 확립한 두 '바깥'이다. 동아시아에서의 중국문명의 위상을 고려할 때 중국 사상을 서양 사상의 대표적인 타자로 보아도 무리는 없을 것이다.

산 안에서는 산을 보지 못한다는 말이 있다. 산을 떠나면서 산이 보이듯이, 서양의 바깥에서 서양을 볼 때 서양이 보이고, 중국의 바깥에서 중국을 볼 때 중국이 보인다. 중국 사상과 서양 사상에 명확한 설명 없이 전제되어 있는 고유한 습벽을 선명하게 드러낼 때 비로소 진정한 대화가 가능해질 것이다. 이러한 방법은 우리의 사유에 분란을 일으킨다. 생각할 수 없었던 것을 생각함으로써 우리는 다시 깨어난다. 철학이 다시 가능해진다. 서로의 간극을 직시할 때 아마도 서로를 인정하는 진정한 만남이 가능해질지도 모른다. 《효율성 논고》를 여는 다음의 문구는 새로운 사유의 가능성을 시사한다.

의미의 간극은 수평을 잡는 굄목을 제거하는 것이다. 이는 우리가 그것에 기대어 끊임없이 굄목으로 사유의 균형을 유지하지만, 바로 그 때문에 사유할 수 없는 바로 그것이 무엇인지 파악하기 시작하려 함이다.

우리는 사유의 분란을 견디지 못하는 경우가 많다. 휘어진 쇠막대기를 다시 펴기가 어렵듯이 타성을 벗어나기란 쉬운 일이 아니다. 문화적 타성은 데카르트가 의심을 접고 기존의 확실성에 안주하려고 했던 것보다 더 강고할지 모른다. 그러나 철학의 가능성은 타성의 파괴에 있을 것이다.

인명과 개념 설명

공자孔子 (B.C.551~B.C.479)·노자老子 (?~?)

공자와 노자는 중국 사상의 원형이다. 유가 사상과 도가 사상은
서로 대립되는 부분도 많지만, 서양과의 대면 관계에서 보면
두 사상은 일맥상통한다. 동양과 서양의 차이는 변화에 대한
관점에 있을 것이다. 이 세계는 끊임없이 변화한다. 유교와
도교에서는 세계의 변화를 당연한 것으로 본다. 사계절의
운행이 음과 양의 조화에 의해 이루어진다고 할 때 음과 양은
각각 절대적으로 분리된 실체가 아니다. 그래서 음이 극단으로
가면 이미 양으로 기울고, 양이 극단으로 가면 이미 음으로
기운다. 한여름에 햇빛이 강렬한 날이 계속될 때조차도 음이
준비되고 있다. 완전히 건조하지 않은 땅이 햇빛을 받고
덥혀지면서 수증기를 발생시키고 이미 빗물을 준비하고
있기 때문이다. 이러한 끊임없는 변화를 동양에서는 자연의
이치라고 보았다. 동양 사상은 자연 바깥의 초월적 세계를
인정하지 않는다. 이 점에서 동양 사상은 고정불변의 것을
완전성으로 보고 현실을 넘어선 세계를 설정하는 서양 사상과
완전히 다르다.

맹자孟子(B.C.372?~B.C.289?)

맹자는 유교에서 공자 다음 가는 성인聖人으로 간주되어
'아성亞聖'으로 일컬어진다. 맹자는 끊임없이 도덕을 강조했다.
"우리나라에 어떤 이익[利]을 가져오실 수 있나요?"라고
묻는 양혜왕에게 "어찌 이익을 말한단 말이오, 어짊과
의로움[仁義]만이 있을 뿐이오!"라고 일갈했다. 그는 누구나
우물 속에 빠질 것 같은 아기를 구하고자 하는 마음을 가지고
있다고 보았다. 이는 우리가 차마 어찌할 수 없는 마음의
단초이다. 이러한 마음을 발전시키는 것이 어진 행동이며
인간의 도리이다. 이러한 도덕의 궁극적 근거는 하늘이다.
도덕은 가장 자연스러운 것이기 때문에 타인들의 저항이 가장
적다. 공자의 가르침과 마찬가지로 맹자의 도덕은 세계의
궁극적 원리인 자연과의 합일에 있다. 이러한 점에서 맹자의
사상 역시 현실 세계와 다른 세계를 상정하는 희랍 철학이나
기독교 사상과 근본적으로 다르다.

귀곡자鬼谷子(B.C.400?~B.C.320?)

전국시대(戰國時代, B.C.403~B.C.221)에 활동한 귀곡자는 신비에
싸인 인물이다. 중국의 전국시대는 그야말로 힘과 승리만이
강조되던 시기였다. 인의예지를 강조한 맹자가 오히려 특이한
인물로 간주될 정도로 전국시대는 이익이 모든 것에 앞서던
시기였다. 귀곡자는 인의예지를 앞세우기보다는 이익을
획득하는 고도의 전략을 가르쳤다. 귀곡자의 전략은 상대방의
성향을 파악하고 그 흐름 속에서 이득을 취해내는 방법이다.
역설적으로 귀곡자의 전략은 도덕주의자인 맹자의 그것과
일맥상통한다. 맹자는 도덕이야말로 상대방으로부터 저항을
불러일으키지 않으므로 가장 자연스럽고 가장 효율적이라고
보았기 때문이다. 인위적으로 일을 처리하지 않는 것은 공자,
노자, 맹자, 손자, 귀곡자 등에서 공통적으로 발견되는 동양
사상의 일반적 경향이다.

플라톤Platōn (B.C.428?~B.C.348?) · 아리스토텔레스Aristoteles
(B.C.384~B.C.322)

플라톤은 서양철학의 뿌리인 희랍 철학의 대표자이며 그의
제자인 아리스토텔레스는 희랍 철학의 집대성자다. 플라톤이
확립한 이데아의 세계는 변화하는 현실 세계를 넘어서
존재하는 객관적 실재 세계다. 따라서 변화하는 현실 세계는
이데아 세계의 불완전한 모사일 뿐이다. 아리스토텔레스는
플라톤보다 현실주의자이지만 궁극적으로는 영원불변의 존재,
변화를 겪지 않는 제1형상, 또는 부동의 위동자를 제1원인으로
인정했다. 변화를 불완전성의 근거로 보는 희랍 철학은 서양적
정신 구조의 원형이다. 근대에 와서 수학이 이데아나 부동의
원동자, 형상 등의 위치를 차지하면서 과학을 탄생시킨다.
포스트모더니즘이 희랍 철학과 근대 철학을 극복하려고
시도하지만 극복 대상을 설정했다는 것 자체가 이미 그것에
매여 있는 것이라고 할 수 있다.

기독교Christianity

헤브라이즘은 헬레니즘과 함께 서양 문명의 양대 산맥을
구성한다. 유대-기독교의 대전제는 역시 창조자의 존재다.
현실 세계와 인간은 창조자로부터 만들어진 피조물이기 때문에
불완전하다. 피조물은 창조자의 계획 속에 구상되었기 때문에
이미 그 본질과 형상이 정해져 있다. 현실 세계와 다른 세계를
상정한다는 점에서 헤브라이즘은 헬레니즘과 일맥상통한다.
헤브라이즘 전통에서 자유로운 서양 철학자는 극히 드물다.
데카르트, 홉스, 로크, 라이프니츠, 칸트, 헤겔 등 대부분의
서양 철학자들은 기독교 신자였다. 간신히 스피노자, 니체,
마르크스, 프로이트 정도가 무신론자로 간주되고 있으나,
그들도 항상 기독교에 대한 명확한 입장을 표명해야 했다.

데카르트Descartes (1596~1650)

데카르트는 서양 문명의 핵심을 이루는 근대 과학의 창시자다.
그는 물질계에 관념적인 것이 개입된다는 것을 거부함으로써
희랍 철학 및 기독교 사상과 결별한다. 이 점에서 데카르트는
철저한 유물론적 과학자이고 기계론자이지만 그 역시 초월적인
존재인 신을 인정한다. 데카르트의 이러한 이중적 입장은
세계에 관한 신의 목적을 알 수 없다는 불가지론으로 이어진다.

스피노자Spinoza (1632~1677)

스피노자는 데카르트의 과학 정신을 환영하지만 그의 초월적
신 개념에 극렬하게 반대한다. 서양 사상에서 스피노자는
독특한 위상을 갖는다. 그는 희랍 철학 및 기독교 사상과 달리
세계 밖의 다른 세계는 존재하지 않는다고 보았다. 전체만이
존재할 뿐이다. 그리고 이 전체가 바로 신이고, 신은 자연
자체Deus sive Natura이다. 이 점에서 스피노자의 철학은
동양 사상과 일맥상통하는 점이 있다. 그러나 스피노자는
자연 전체가 기하학과 같은 필연적 법칙에 의해 지배된다고
주장했다.

라이프니츠Leibniz (1646~1716)

라이프니츠는 희랍 철학과 기독교 사상을 계승했다. 그는
절대적으로 완전한 존재로서 신을 인정한다. 신에 대해
우리는 많은 것을 알 수는 없지만, 분명히 알 수 있는 것이
있다. 그것은 신이 최선을 실현한다는 것이다. 이 세계는
신이 창조하기 전에 무한히 많은 세계들 가운데 최선의 것을
선택하여 만들었으므로 가장 효율적인 세계이다. 완전성을
최종 등급을 설정할 수 있는 것으로 정의했다는 점에서
라이프니츠는 전형적인 서양 철학자다. 그는 가장 엄밀한
학문인 수학의 규칙성보다도 신의 법칙이 더 규칙적이라고
보았다. "수학보다 덜 규칙적이지 않은 완전한 지혜에 관해서도
우리는 가능한 모든 세계들 가운데 최선optimum이 없었다면
신은 그중 아무것도 산출하지 않았을 것이라고 말할 수
있다."(《변신론》 제1부, 8절)

칸트Kant(1724~4804)·쇼펜하우어Schopenhauer(1788~1860)

칸트는 서양근대 철학의 위대한 정신이다. 칸트는 인간이
인식할 수 있는 것은 현상계뿐이라고 보았다. 그러나 현상계는
과학적 법칙에 의해 지배되는 세계이므로 인간의 자유는
현상계에서 실현될 수 없다. 인간의 자유와 도덕은 '자연' 또는
현상계를 넘어선 가상계에서 가능할 뿐이다. 자연과 정신을
분리했다는 점에서 칸트 역시 플라톤을 계승한 전형적인
서양 철학자라고 할 수 있다. 쇼펜하우어는 이러한 이원론을
발전시킴으로써 비관론을 탄생시킨다. 인간의 자유로운
의지는 현상계에 표현되면서 냉혹한 물질법칙을 따르기
때문에 항상 실패할 수밖에 없다. 니체는 쇼펜하우어의 의지
개념을 수용했었지만 결국 그의 비관론을 극복하기 위해 많은
노력을 기울인다.

애덤 스미스Adam Smith(1723~1790)·칼 폴라니Karl Polanyi
(1886~1964)·시장 자유주의market liberalism

애덤 스미스는 경제학의 창시자다. 그는 교환을 하려는 인간의
성향과 분업의 효과를 강조했다. 푸줏간 주인은 이타적 성향
때문이 아니라 자신의 이익을 위해 고기를 다루며 맥주
제조업자도 마찬가지다. 그들은 오로지 자신의 이익을 위해
일하지만, 그러한 이기적 성향은 고기와 맥주의 교환을
이루어냄으로써 서로에게 이익이 되고 생산량을 증가시킨다.
교환과 분업은 자유주의 원리의 근본이 된다.

칼 폴라니는 《거대한 전환》의 저자로, 그는 이 웅대한
저작에서 자유주의의 기원을 경제인류학적 관점에서
파헤치고 그 인위성을 폭로한다. 애덤 스미스의 논점에
의거하는 시장자유주의자들은 인간이 본성적으로 교환의
욕구를 가지고 있다고 본다. 그러한 교환의 본성적 욕구를
바탕으로 작은 시장이 생겨나고 점차적으로 확대된 것이며,
따라서 국제교역도 자연스러운 인간 본성의 발전 과정이라는
것이다. 시장자유주의자들, 경제학 이론가들은 경제를 사회에
묻어들어 있는embedded 한 요소로 보지 않고, 사회에서 경제를
빼내어 전체로 간주하려 한다. 그래서 모든 것이 상품화되어

수요공급의 법칙을 따르게 된다는 것이다.

폴라니가 보기에 이러한 관점은 거짓에 기반하고 있다.
상품화될 수 없는 것 세 가지가 경제에서 핵심을 이루고 있기
때문이다. 토지, 노동, 화폐는 애초부터 시장에서 판매되라고
생산된 것들이 아니다. 노동은 단순히 인간의 활동이고,
토지는 그럭저럭 분할되어 있는 자연이며, 화폐는 정부의
여러 정책에 의해 모습을 갖추는 것이다. 그런데 자유주의,
그리고 신자유주의 체제에서, 즉, 작금의 자본주의 체제에서
노동은 단위화되어 있는 경우가 대부분이고, 토지는 부자들의
전유물이 되어 있고 화폐는 금융자본가들의 손에 놀아나고
있다. 폴라니에 따르면 민중은 이러한 시장자유주의에 맞서서
사회를 지켜 왔으며 앞으로도 도덕 경제를 통해 사회를
지켜나갈 때 인류의 가치가 실현될 것이다.

손무孫武 (?~?)

《손자병법》의 저자로 알려져 있는 병법의 성인聖人이다.
《손자병법》은 동양 전략의 상징이다. 전쟁, 정치, 외교, 사업
등의 모든 분야에서 《손자병법》이 전략이 활용되고 있는
반면 《손자병법》의 철학적 특징은 간과되는 경우가 많다.
《손자병법》의 핵심적 개념은 주체의 능력보다는 상황의
흐름에 의거하는 데 있다. 주어진 상황의 흐름에 올라타는
능력이야말로 전략가의 가장 중요한 능력이다. 상황에서
나오는 힘을 손무는 '형세形勢'로 규정한다.

클라우제비츠Clausewitz (1780~1831)

동양 전쟁 이론의 상징이 《손자병법》이라면 서양 전쟁 이론의
상징은 클라우제비츠의 《전쟁론》이다. 클라우제비츠의 위대한
공헌은 절대적 전쟁과 실재적 전쟁을 구분한 것이다. 절대적
전쟁은 계획으로서의 전쟁이고 실재적 전쟁은 실제 전투가
벌어진 상황을 말한다. 전쟁은 계획대로 되는 법이 없기 때문에
항상 우연의 요소를 내포한다. 클라우제비츠는 계획과 실재의
간극을 '마찰'로 정의한다. 서양에서는 마찰을 극복할 수 있는
영웅주의를 요청한 반면 동양에서는 마찰 혹은 상황의 발생을
적극적으로 활용하는 전략을 취했다는 점에서 양 문명은
근본적인 차이를 드러낸다.

프랑수아 줄리앙François Jullien (1951~)

현존하는 프랑스 철학자로서 동서 비교철학의 대가다. 질
들뢰즈, 미셸 푸코, 자크 데리다 등의 거장들에 이어서 등장한
중요한 프랑스 철학자로, 몰락해가는 서양철학의 새로운
가능성을 중국 철학과의 비교에서 찾는다. 역사, 언어, 개념
등의 모든 면에서 중국은 서양과 관련이 없기 때문에, 중국은
서양철학의 편견을 읽어낼 수 있는 거의 유일한 도구다.
서양의 대다수 철학자들이 동양 사상을 읽지 못하고 동양의
많은 사상가들이 서양철학을 정확히 다루지 못하기 때문에
프랑수아 줄리앙의 관점은 아직 엄밀한 연구의 대상이 되지
못하고 있다. 앞으로 그의 철학은 동서양 양쪽의 이론가들에게
무궁무진한 영감을 제공할 것이다.

참고문헌

고트프리트 빌헬름 라이프니츠, 《형이상학 논고》, 윤선구 옮김, 아카넷, 2010.

권헌익, 《또 하나의 냉전》, 이한중 옮김, 민음사, 2013.

마키아벨리, 《마키아벨리의 전술론》, 이영남 옮김, 스카이출판사, 2011.

박찬철·공원국, 《귀곡자》, 위즈덤하우스, 2008.

손무, 《손자병법》, 유동환 옮김, 홍익출판사, 2005.

신봉수, 《중국은 제국을 꿈꾸는가》, 프로네시스, 2011.

아리스토텔레스, 《니코마코스 윤리학》, 천병희 옮김, 도서출판 숲, 2013.

칼 폴라니, 《거대한 전환》, 홍기빈 옮김, 길, 2009.

프랑수아 줄리앙, 《운행과 창조》, 유병태 옮김, 케이시, 2003.

＿＿＿, 《사물의 성향》, 박희영 옮김, 한울아카데미, 2009.

플라톤, 《티마이오스》, 박종현·김영균 옮김, 서광사, 2000.

＿＿＿, 《국가·정체(政體)》, 박종현 옮김, 서광사, 2005.

폴 틸리히, 《19~20세기 프로테스탄트 사상사》, 송기득 옮김,
대한기독교서회, 2004.

히라카와 스케히로, 《마테오 리치》, 노영희 옮김,
동아시아, 2002.

François Jullien, 《Penser d'un dehors (la Chine)
바깥(중국)으로부터 사유하기》, Paris: Seuil, 2000.

_____, 《Conférence sur l'efficacité효율성에
관한 강연》, Paris: PUF, 2005.

_____, 《La philosophie inquiétée par la pensée chinoise
중국 사유에 의해 불안해진 철학》, Paris: Seuil, 2009.

_____, 《Traité de l'efficacité효율성 논고》,
Paris: B.Grasset, 1996.

Gottfried Wilhelm Leibniz, 《Essais de théodicée: sur la
bonté de Dieu, la liberté de l'homme et l'origine du mal》,
Paris: GF-Flammarion, 1999.

배반인문학

효율성

초판 1쇄 발행 2014년 2월 5일
개정판 1쇄 발행 2021년 9월 13일

지은이 · 이근세
펴낸이 · 주연선
책임편집 · 임유진 김한밀
개정판 편집 · 한재현

(주)은행나무
04035 서울특별시 마포구 양화로11길 54
전화 · 02)3143-0651~3 | 팩스 · 02)3143-0654
신고번호 · 제 1997―000168호(1997. 12. 12)
www.ehbook.co.kr
ehbook@ehbook.co.kr

잘못된 책은 바꿔드립니다.

ISBN 979-11-6737-082-2 (04100)
ISBN 979-11-6737-005-1 (세트)